Clemens Baader · Christiane Pfau
Meisterkoch der schlanken Küche

Clemens Baader

Meisterkoch der schlanken Küche

Natürlich genießen und dabei abnehmen

Unter Mitarbeit von Christiane Pfau

Fotografie: Fotostudio Sepp Eder

Herausgegeben von Frank Boerner

KOSMOS

INHALT

Einführung

Rezepte

Serviceteil

Einführung

Clemens Baader: Meister im Schlaraffenland über dem Bodensee

Ferne, schneeüberglänzte Alpengipfel am Schweizer Ufer, Sonne und Segel auf blitzblauem Wasser, wallende Nebel, hoch aufschäumende Gischt, Jahreszeiten in Grün-, Blau- und Graunuancen... Der schönste Blick über den Bodensee gehört dem Herrn vom Berghotel Baader, gleich neben Schloß Heiligenberg, 800 Meter über dem schwäbischen Meeresspiegel. Und natürlich seinen Gästen. Die kommen allerdings nicht nur wegen der wunderbaren Aussicht, sondern vor allem wegen der begnadeten Küche. Clemens Baader, Sohn dieser uralten Kulturlandschaft, kocht mit barocker Heiterkeit und leichter Hand aus regionalen und internationalen Elementen mit mediterranem Flair einen eigenen Stil, der seine große Feinschmeckergemeinde seit Jahren in Verzückung versetzt.

Das Restaurant lässt Schwellenangst nicht aufkommen. Der Service ist perfekt, freundlich und unaufdringlich. Wer unbefangen hereinschlendert, ahnt oft nicht, dass er bei einem der besten Köche Deutschlands gelandet ist. Obwohl der Blick in einen Gourmetführer alles sagt und die Weinkarte ein kleines Fest für den Kenner ist. Unter den Auszeichnungen finden sich drei Gault-Millau-Mützen mit 17 von 20 Punkten. Baader ist einer der »Jeunes Restaurateurs d'Europe« und wird im Michelin als »Bib Gourmand« geführt. Seinen ersten Stern erkochte er im Fürstenberg Parkhotel in Donaueschingen, da war er gerade 24.

Heute führt er nicht nur eine der ganz großen Bodensee-Küchen, sondern auch ein Silence-Hotel, übernimmt Wochenendseminare großer Firmen und alles, was es in der Gegend so zu feiern gibt. Die Speisenkarte ist auf die Jahreszeiten und ihre kulinarischen Besonderheiten abgestimmt: Im Frühling lockt Baader mit Fischwochen und »Spargel-Satt-Brunch«, im Herbst mit Kürbis- und Trüffel-Tagen, Kohl- und Bioschwein-Essen, zum Jahresausklang mit Gänseschmaus und Silvesterball. Als er feststellte, dass die sommerlichen Straßenfeste im Lande immer größere Ausmaße annahmen, stellte er im August 1992 hinter dem Hotel kurzerhand ein Zelt für 140 Personen auf und servierte vier Tage lang ein 7-Gänge-Menü. Das hat mittlerweile Tradition.

Seine Frau Emma, die mindestens die Hälfte des Erfolgs auf ihren Schultern trägt, seine vier Töchter und das gut gelaunte, hochprofessionelle Personal sind die verlässliche Garantie für die heitere Atmosphäre des Hauses. Und in der Mitte Clemens Baader – voller Power, Ideen und Umtriebigkeit. Sein Vater schüttelt noch heute den Kopf, wenn auch mit Stolz. Keiner hatte das so vorausgesehen, als der junge Clemens in Bregenz zum Studieren ins Kloster geschickt wurde und sofort wieder ausbüchste, sich dann mit langen Zähnen durch die Schule arbeitete und es strikt ablehnte, einen Schlips-und-Kragen-Job zu machen. Koch wollte er werden und sonst gar nichts! Lehr- und Wanderjahre im Parkhotel Wehrle in Triberg, bei Siber in Konstanz, im Weißen Rößle in Hinterzarten, in Sils Maria und

St. Moritz im Engadin, und dann der erste Stern in Donaueschingen – beste Voraussetzungen für das Berghotel, das Clemens Baader im Lauf der letzten Jahre mit größtem Erfolg als Juwel in der deutschen Gastronomie-Landschaft etabliert hat. Nun heißt das Motto seines Kochbuchs »schlanke Küche für Gourmets«. Kann er dieses hoch gesteckte Versprechen halten? Er kann.

Clemens Baader wog noch vor zwei Jahren 60 Kilo zu viel. Für einen Koch, der ständig mit den feinsten Zutaten zugange ist und selbst leidenschaftlich gern isst, eine echte Sackgasse – scheinbar. Heute ist er 130 Pfund leichter und passt tatsächlich wieder in seinen Hoch-

zeitsanzug. Sein Geheimnis: Sich-satt-Essen mit einer kreativen Mischung aus Fleisch, Fisch, Gemüse und Obst – mit wenig Fett und ohne kohlehydratreiche Beilagen wie Nudeln, Brot oder Kartoffeln. Die Rezepte entwickelte er zusammen mit dem Unternehmen bodycur, dem er diese Anregungen verdankt. bodycur bietet ein umfassendes Therapiekonzept zur Gewichtsabnahme an – mehr dazu im Serviceteil nach den Rezepten. Nur so viel sei gesagt: Ernährungswissenschaftlich sind Baaders Rezepte auf dem neuesten Stand und durchgehend überprüft.

Um während und nach dem Abnehmen nicht auf die Köstlichkeiten seiner Küche verzichten zu müssen, begann Clemens Baader, figurfreundliche Gerichte zu entwickeln, in deren Genuss zunächst nur er allein oder seine – ohnehin schlanken – Familienmitglieder kamen. Als er eine Auswahl dieser Gerichte als Versuchsballon auf seine Speisekarte setzte, war der Erfolg sensationell: Nicht nur Kurgäste und Touristen, vom Ruf seiner gastronomischen Oase angelockt, reagierten mit Begeisterung auf das Angebot. Auch Stammgäste freuen sich inzwischen, rundum satt und zufrieden, aber ohne Völlegefühl Baaders Restaurant zu verlassen, um bald wieder zu kommen. Clemens Baader beweist: Exquisite Speisen und gesundheitsbewusste Ernährung müssen kein Widerspruch sein!

Carpaccio vom Angusfilet mit Zucchini und Tomate in Joghurt-Balsamico, Heiligenberger Quellwasserforelle mit Krebsle in Tomatenschaum an grünem und weißem Salemertal-Spargel, Flugananas mit Kirsch und süßer

Erdbeermelange... Nur ein kleiner Vorgeschmack, wie köstlich und genussreich die Pfunde purzeln können! Das ist nicht nur für Zeitgenossen interessant, die ihr Gewicht reduzieren möchten. Auch bei Geschäftsleuten oder Tagungsteilnehmern, die nach dem Essen noch kreativ weiter arbeiten möchten, statt erschöpft zu verdauen, oder bei Genießern, die einfach im Interesse ihrer Gesundheit weniger Fett zu sich nehmen wollen, sind diese Menüs hochwillkommen.

Die Erweiterung des gastronomischen Angebots erfordert erstaunlich wenig Vorbereitung: »Natürlich muss sich die ganze Mannschaft in die neuen Rezepte einarbeiten«, sagt Baader. »Fettarme Produkte müssen auf die Bestellliste. Und auch den Einsatz von Equipment wie Teflon-Pfannen oder Bratfolie, die die fettlose Zubereitung möglich machen, muss man neu planen.« Die Resonanz der Gäste spricht für das Konzept: »Unsere Gäste haben das Angebot von Anfang an sehr gut angenommen«, erzählt er. »Inzwischen bestellt abends fast ein Viertel der Besucher ein schlankes Menü. Längst nicht alle machen gerade Diät: Sie lassen sich einfach von Geschmack und Qualität überzeugen.« Für interessierte Hobby-Köche und Kollegen bietet Baader auch Kochkurse an. Auf dem »Stundenplan« stehen dann echte Schmankerl: Geräuchertes Felchensüpple mit Zucchini, Südländersalat mit saurem Truthahnröllchen, die Lendchenpiccata mit Apfel-Meerrettich auf Lauch-Joghurt-Gemüse und so manch andere Köstlichkeit.

Seit Ende 2002 bieten 15 Restaurants in Deutschland ihren Gästen unter dem Label »schlanke küche« die lecker-leichte Kost an. Je nach den individuellen Möglichkeiten der einzelnen Betriebe stehen ausgewählte Gerichte aus der von Baader entwickelten Basiskarte und eigene Kreationen der jeweiligen Küchenchefs auf dem Menü. Die leckersten Varianten rund um Fleisch, Fisch, Gemüse und Obst laden zum Selberkochen ein – mit höchstem Genuss und bestem Gewissen.

Wir wünschen Ihnen viel Vergnügen beim Nachkochen!

Clemens Baader
Christiane Pfau

Das Leben kann so leicht sein

Wer kennt das nicht? Da steht man in der Umkleidekabine vor dem Spiegel – und jedes Speckröllchen springt einem erbarmungslos ins Auge. Meist lassen sich die Entfernungen zur Wunschfigur leicht durch die entsprechende Kleidung überspielen, aber das »Hier-ist-zu-viel«-Gefühl ist hartnäckig und gemein. Da ist es auch kein Trost, dass man mit diesem unerfreulichen Ballast nicht allein ist: Man geht davon aus, dass mehr als jeder zweite zu viel Eigengewicht mit sich herumträgt.

Als äußerst erfolgreiches Gegenmittel haben sich diejenigen Therapien erwiesen, die ein ganzheitliches Konzept verfolgen. Die Teilnehmer sollen langfristig lernen, wie man sich gesund ernährt und dabei sein persönliches Wohlfühlgewicht nicht nur erreicht, sondern auch hält – und dass die Freude am Essen und am Genuss nicht nur die Menschen, sondern das ganze Leben noch viel schöner macht. Ziel ist es zu erkennen, welche Lebensmittel in welcher Menge und Kombination zum anhaltenden Wohlbefinden beitragen, und zwar ohne die Notwendigkeit, ständig Kalorien zählen zu müssen - schließlich hat kein Mensch im täglichen Leben die Briefwaage neben der Bratpfanne stehen. In der »schlanken küche« lassen sich mit Fleisch und Fisch, Gemüse und Obst, aber ohne die klassischen Beilagen wie Kartoffeln, Nudeln oder Reis ohne großen Aufwand Menüs zaubern, die selbst die strengen Gourmets unter den Familienmitgliedern zum Schwärmen bringen.

Guten Appetit!

Frank Boerner
Geschäftsführer der bodycur GmbH

Küchenausstattung

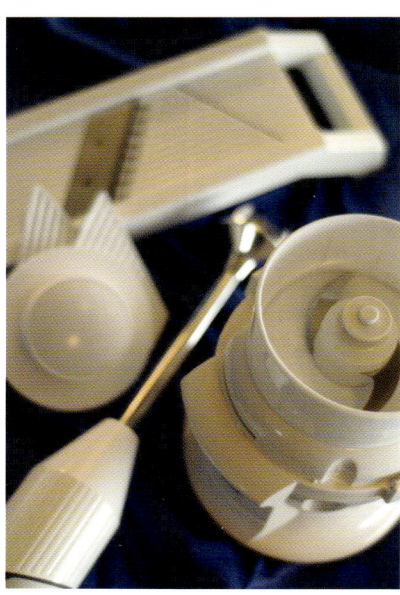

Die Rezepte aus der »schlanken küche« lassen sich im Allgemeinen sehr einfach und ohne großen Aufwand nachkochen. Allerdings gibt es ein paar Details zu beachten, die die »schlanke küche« von der konventionellen Küche unterscheidet. Die meisten Leser werden erstaunt sein, dass tatsächlich fettfrei gebraten wird. Das hat mit Hexerei nichts zu tun, sondern stellt lediglich ein paar einfache Anforderungen an die Küchenausstattung:

Für die Zubereitung auf dem Herd gilt:

- Fettfrei braten lässt es sich völlig problemlos mit einer beschichteten Teflonpfanne – vorausgesetzt, sie ist unzerkratzt.
- Hervorragend geeignet sind die seit Jahrzehnten bekannten AMC-Töpfe oder alle sonstigen Edelstahltöpfe mit Sandwichboden.
- Im beschichteten Wok oder im Römertopf gelingen die Gerichte ebenfalls.
- Wer einen so genannten »Diätgrill« besitzt, kann diesen in der »schlanken küche« optimal einsetzen.

Regelmäßig ist bei den Rezepten der »schlanken küche« die Rede von »Bratfolie«. Diese Bratfolie wird einfach vor der Zubereitung in die Pfanne gelegt und garantiert einen sanften Bratvorgang ohne Fett. Bisher gibt es diese spezielle Folie nur bei den bodycur-Zentren. Geplant ist, dass das Bratpapier aber zukünftig auch in den Haushaltswarenabteilungen diverser Supermärkte oder Kaufhäuser erhältlich ist.

Bei der Zubereitung im Backofen ist zu beachten:

- Fettpfannen werden vor dem Kochvorgang mit Alufolie oder Backpapier ausgelegt.
- Ideal für viele Gerichte ist auch die Verwendung eines Bratschlauchs.

Küchengeräte, die regelmäßig zum Einsatz kommen, sind
- ein Zauberstab oder ein Handmixer, mit denen flüssige Rezept-Komponenten leicht und schaumig hergestellt werden können.
- Um Fonds und diverse Flüssigkeiten so fein wie möglich zu passieren, empfiehlt sich die Verwendung eines sehr feinen, ausreichend großen Handsiebs.
- Eine Moulinette eignet sich sehr gut, um einzelne Zutaten sehr fein zu hacken.
- Ein stabiler Hobel sollte in keinem Haushalt fehlen, wenn gehobeltes Gemüse oder Obst verwendet wird.

- Grundsätzlich gilt: Kaufen Sie frisches Obst und Gemüse, gehen Sie zu einem Metzger Ihres Vertrauens und investieren Sie in frischen Fisch. Die Rezepte sind so gut wie die Zutaten, die Sie verwenden.

- Die in den Rezepten verwendeten Molkereiprodukte müssen durchgehend sehr fettreduziert sein. Das heißt konkret: Joghurt und Quark sollten nicht mehr als 0,3 % Fett enthalten. Wenn mit Milch gearbeitet wird, sollte diese einen Fettanteil von nicht mehr als maximal 0,5 % aufweisen, und bei Kondensmilch gilt ein Maximum von 0,3 % Fett. Hüttenkäse oder Schichtkäse sollten nicht mehr als 0,3 % Fett enthalten. Wenn Käse verwendet wird, eignen sich Harzer-, Frühstücks- oder Korbkäse (unter 2% Fett).

- Derartig fettreduzierte Produkte werden bereits im üblichen Supermarktsortiment angeboten. Sie finden diese Zutaten aber auch in Reformhäusern oder in gut sortierten Drogerien.

- Statt Mehl oder Speisestärke wird in der »schlanken küche« zum Binden von Flüssigkeiten meist Johannisbrotkernmehl verwendet. Johannisbrotkernmehl erhalten Sie im Reformhaus. In manchen Rezepten werden die Speisen auch mit Eiweiß oder Quark gebunden.

- Wenn in den Rezepten von »aufmixen« die Rede ist, heißt das immer, dass eine Flüssigkeit mit dem Pürierstab (und nicht etwa mit dem Schneebesen) gemixt wird. Wichtig ist dies vor allem, wenn Johannisbrotkernmehl im Spiel ist, da das Mehl sonst leicht klumpt.

- In manchen Rezepten werden die klein geschnittenen Zwiebeln vor der weiteren Verarbeitung »abgebrüht«, d.h. man gibt sie in ein feines Sieb und hält sie kurz dicht über den Wasserdampf. Dieser Vorgang nimmt den Zwiebeln die Bitterstoffe und die Schärfe. Vor allem bei kalten Gerichten ist dies empfehlenswert, da die Zwiebeln dann besser verdaulich sind.

- Wenn Sie Instant-Brühe anstelle selbst zubereiteter Brühen oder Fonds verwenden, achten Sie bitte darauf, dass so wenig Fett und Zucker wie möglich enthalten sind.

- Zum Süßen oder zum Abschmecken vieler Gerichte wird Süßstoff verwendet. Gemeint ist flüssiger Süßstoff, den man sehr einfach dosieren kann.

- Wenn ein Gericht oder Rezeptteil »vollendet« wird, bedeutet das, Sie schmecken alles nochmal ab und prüfen, ob die Konsistenz Ihrem Wunsch entspricht.

- Wenn nichts anderes angegeben ist, sind die Rezepte für 4 Personen konzipiert.

Die nachfolgend beschriebenen Basisrezepte werden für viele Gerichte verwendet und deshalb den Rezeptteilen vorangestellt.

Allgemeines zu den Rezepten

Tomatensauce

500 g Zwiebeln

8 Knoblauchzehen

etwas Weißwein nach Belieben

1 kg Strauchtomaten

500 g geschälte Tomaten aus der Dose

Salz und Pfeffer aus der Mühle

etwas Basilikum, gezupft

1,5 l Tomatensaft oder Tomatenkraftbrühe (Rezept siehe S. 16)

1 Spritzer Süßstoff

1 EL Tomatenmark

Die Zwiebeln schälen und in feine Strei-fen schneiden. Den Knoblauch schälen und fein schneiden. Zwiebeln und Kno-blauch in etwas Wasser oder Weißwein andünsten. Die Tomaten waschen, in grobe Stücke schneiden, die Dosento-maten etwas zerquetschen und beides mit Salz, Pfeffer, Süßstoff, Basilikum, To-matensaft und Tomatenmark zu Zwie-beln und Knoblauch geben. Alles auf-kochen und 45 Minuten bei mittlerer Hitze leicht köcheln lassen. Anschließend durch ein Sieb passieren und abschmecken.

Auf die Schnelle:

1 l Tomatensaft und 1 EL Tomatenmark aufkochen, mit Salz und Pfeffer aus der Mühle würzen und passieren. Die ab-passierte Sauce mit etwas Johannis-brotkernmehl leicht abbinden, bis eine ölige Konsistenz entsteht. Für 1 l Flüssig-keit benötigt man 3–5 g Johannisbrot-kernmehl.

Heller Fischfond

1 kg Fischkarkassen (Köpfe und Gräten)

250 g Zwiebeln

150 g Staudensellerie

150 g Fenchelknolle

150 g Lauch (ohne Wurzelansatz und
Blattenden)

250 g frische Tomaten

3 Nelken, zerdrückt

3 Lorbeerblätter

4 Knoblauchzehen

Meersalz

weißer Pfeffer aus der Mühle

Thymian nach Belieben

250 ml Weißwein

5 Eiweiß

2 cl Pernod

5 cl Wermut trocken

Die Karkassen zerhacken und gut wäs-sern. Die Zwiebeln schälen und wür-feln. Staudensellerie, Fenchel und Lauch waschen, putzen und in dünne Schei-ben schneiden. Die Tomaten waschen und grob würfeln. Knoblauch schälen und zerdrücken. Zwiebeln, Fenchel, Sel-lerie, Lauch, Tomaten, Nelken, Lorbeer und Knoblauch in einem großen Topf mit etwas Wasser andünsten und wür-zen. Die Fischkarkassen zugeben und das Ganze mit Weißwein und eiskal-tem Wasser gut bedecken.
Die 5 Eiweiß mit einem Schneebesen leicht aufschlagen. Pernod und Wermut zu dem Eiweiß geben und mit einem Metallspachtel gut durchrühren. Die Ei-weißmischung zu der Fischbrühe ge-ben. Alles aufkochen und bei geringer Hitze 1 1/2 Stunden ziehen lassen. Ach-tung: Bei der Aufkochphase darauf ach-

ten, dass der Fond nicht anbrennt. Ist der Fond fertig, alles sehr vorsichtig durch ein Sieb oder ein feines Tuch strei-chen, nochmals abschmecken und den Fond eventuell entfetten.

> **Tipp:** Wenn sich das Fett nach oben ab-setzt, nicht mehr rühren, sondern das Fett abschöpfen.

Klarer Geflügel-fond

1 kg Geflügelkarkassen

250 g Zwiebeln

250 g Champignons und Austernpilze

150 g Staudensellerie

150 g Lauch (ohne Wurzelansatz und
Blattenden)

2 Knoblauchzehen

2–3 Nelken und Wacholder, zerdrückt

250 ml Weißwein

3–4 Lorbeerblätter

Salz

Pfeffer aus der Mühle

Den Backofen auf 200 °C vorheizen. Die Geflügelkarkassen etwa 45 Minuten im Ofen rösten und anschließend ab-kühlen lassen. Unterdessen die Zwie-beln schälen und würfeln. Die Pilze put-zen, die Staudensellerie-Stangen und den Lauch waschen und in dünne Schei-ben schneiden. Den Knoblauch schälen und pressen. Zwiebeln, Pilze, Sellerie, Lauch, Nelken, Wacholder und Knob-lauch in einem großen Topf andünsten. Die gerösteten und abgekühlten Kno-chen dazugeben und mit dem Weißwein und eiskaltem Wasser gut bedecken. Die Lorbeerblätter hineingeben und die Brühe aufkochen lassen. Bei geringer Hitze 2 Stunden ziehen lassen. Währenddessen immer wieder entfetten und abschäumen. Danach durch ein feines Sieb oder Tuch passieren und nochmals mit Pfeffer und Salz abschmecken.

Zum Schluss den Fond mit einem Fließpapier oder Küchenpapier gründlich entfetten.

Gemüsefond

500 g Zwiebeln

8 Knoblauchzehen

300 g Lauch (ohne Wurzelansatz und
Blattenden)

300 g Karotten

250 g Knollensellerie

500 ml Sauerkrautsaft

500 ml Tomatensaft

500 ml Weißwein

500 ml Bio-Fertiggemüsebrühe

1 Bund gemischte Kräuter: Petersilie,
Thymian, Majoran, Lorbeer

3 Nelken, Salz

Pfeffer aus der Mühle

Die Zwiebeln und den Knoblauch schälen und in feine Streifen schneiden. Den Lauch halbieren, waschen und fein schneiden. Die Karotten und den Sellerie schälen und klein würfeln. Zwiebeln und Knoblauch bei geringer Hitze in etwas Wasser oder Weißwein andünsten. Lauch, Sellerie und Karotten zugeben. Die Fertigbrühe zubereiten,

dann Sauerkrautsaft, Tomatensaft, Weißwein und Brühe angießen, den Kräuterbund und die Nelken dazu geben und mit Salz und Pfeffer abschmecken. Den Fond aufkochen und 1 Stunde leicht köcheln lassen.

Anschließend durch ein Sieb passieren und nochmals mit Salz und Pfeffer abschmecken.

Auf die Schnelle: Eilige bereiten die gewünschte Menge Brühe mit einem gekörnten Bio-Fertigprodukt zu und schmecken sie mit frischen Kräutern ab.

Tipp: Wird eine festere Brühe benötigt, wird der passierte Fond mit Johannisbrotkernmehl gebunden, bis eine ölige Konsistenz entsteht. Für 1 Liter Flüssigkeit benötigt man 3–5 g Johannisbrotkernmehl.

Brauner Kalbsfond

1,2 kg Kalbsknochen (klein gehackt,
nussgroß, ohne Fett)

200 g Zwiebeln

100 g Karotten

100 g Sellerie

5 Knoblauchzehen

1 TL weiße Pfefferkörner, zerdrückt

3 Lorbeerblätter

2 Nelken

etwas Thymian

etwas Rosmarin

2 EL Tomatenmark

500 ml Weißwein

5 l Wasser

Den Backofen auf 180 °C vorheizen. Die Kalbsknochen waschen und in der Backröhre auf einem Blech 45 Minuten rösten. Unterdessen die Zwiebeln schälen und in grobe, etwa 1 cm große Würfel schneiden. Karotten und Sellerie schälen und ebenfalls in 1 cm große Würfel schneiden. Den Knoblauch schälen und pressen. Das Gemüse, den Knoblauch und die gerösteten Knochen mit Pfefferkörnern, Lorbeer, Nelken, Thymian und Rosmarin in einem flachen Topf anschwitzen und das Tomatenmark zugeben. 4-5-mal abwechselnd mit Wasser und Weißwein ablöschen. Dann mit dem restlichen kalten Wasser auffüllen und 2 Stunden leicht köcheln lassen. Anschließend durch ein Tuch oder ein feines Sieb passieren und mit Pfeffer und Salz abschmecken. Nach Geschmack kann man den passierten Fond mit Johannisbrotkernmehl abbinden, bis eine ölige Konsistenz entsteht. Für 1 l Flüssigkeit benötigt man etwa 5 g Johannisbrotkernmehl.

Tipp: Größere Mengen des Fonds lassen sich gut in Gefrierschüsseln einfrieren.

Tomatenkraft- brühe

1,5 kg reife Strauchtomaten

3 Dosen geschälte Tomaten à 720 ml

300 g Zwiebeln

150 g Stauden- oder Knollensellerie

150 g Karotten

10 Knoblauchzehen

150 g Lauch (ohne Wurzelansatz und Blattenden)

500 g mageres Rinderhack

7 Eiweiß von großen Eiern

2 EL grobes Meersalz

2 EL zerdrückte Pfefferkörner

5 große Lorbeerblätter

5 Nelken

1 Spritzer Süßstoff

6 l Eiswasser (Verhältnis 5l Wasser : 1l Eis)

Die Strauchtomaten waschen und in grobe Würfel schneiden. Anschließend die Tomatenwürfel in einer großen Schüssel mit den Dosentomaten mischen. Die Zwiebeln schälen und grob schneiden. Sellerie und Karotten putzen bzw. schälen und ebenfalls grob schneiden. Den Lauch halbieren, waschen und grob schneiden. Den Knoblauch schälen und pressen. Das Fleisch mit dem Gemüse vermengen, das Eiweiß zugeben und alles gut mit einer Gabel verschlagen. Dann die Gewürze und den Knoblauch zugeben und alles nochmals gut vermengen. Die Tomaten mit der Fleisch-Gemüse-Eiweißmischung in einem großen hohen Topf 2–3 Stunden mit dem Eiswasser kühlen. Danach den Inhalt des Topfes unter häufigem Rühren zum Kochen bringen. Achtung: Besonders am Anfang ist

Rühren besonders wichtig, da das Eiweiß leicht anbrennt! Die Brühe etwa 3 Stunden bei schwacher Hitze ziehen lassen. Die entstehende dicke Masse klärt sich von selbst. Die klare Brühe abschmecken und vorsichtig durch ein Tuch oder ein feines Sieb passieren.

Auf die Schnelle:
Wenn man es eilig hat, kann man sich mit folgender Variation der Tomaten- kraftbrühe behelfen:
1 l Tomatensaft, 1 Dose geschälte Toma- ten à 720 ml, 150 g Tomatenmark, 10 Ei- weiß, 1 fein gewürfelte kleine Zwiebel, Salz, Pfeffer aus der Mühle und Gewür- ze nach Belieben gut mixen, die Mi- schung unter ständigem Rühren aufko- chen und anschließend 45 Minuten bei geringer Hitze ziehen lassen. Zum Schluss passieren.

Tomatendressing

$^{1}/_{2}$ Zwiebel (ca. 50 g)

2 Knoblauchzehen

80 ml Rotweinessig

80 ml Tomatensaft oder Tomatenfond

150 g Joghurt

1 TL Tomatenmark

1 TL Löwensenf extra oder Dijon-Senf natur

etwas geriebener Ingwer

1 Spritzer Süßstoff

1 EL Sojasauce

1 TL Meersalz, gemahlen

etwas Cayennepfeffer

Die Zwiebel schälen, in feine Würfel schneiden und kurz mit Wasser bedeckt

andünsten. Die Knoblauchzehen schälen und fein würfeln. Zwiebeln, Knoblauch und die restlichen Zutaten mit dem Schneebesen verrühren. Mit Salz und Pfeffer abschmecken.

Asia Curry- Ingwerdressing

160 ml gebundener Gemüsefond (oder Instant-Produkt)

80 ml Tomatensaft

1 EL Quark

1 EL Joghurt

Saft von 2 Zitronen oder 80 ml Reisessig

1 TL Curry

2 EL Sojasauce

1 EL frischer geriebener Ingwer

etwas Süßstoff

1 TL Löwensenf extra oder Dijon-Senf natur

Alle Zutaten in einer Schüssel mit einem Schneebesen aufrühren und abschmecken.

Tipp Wenn das Dressing als Sauce Verwendung findet, etwas mehr Quark unterrühren und nach Belieben feine Papaya-, Ananas- oder Kiwiwürfel hinzufügen.

Gemüsedressing

3 Knoblauchzehen

1 Zwiebel

etwas Gemüse: Lauch-, Sellerie-, Karottenwürfel

150 ml gebundener Gemüsefond (oder Instant-Produkt)

150 ml milder Essig

150 ml Sauerkraut- oder Tomatensaft

1 Bund Petersilie oder Schnittlauch, gehackt

1 Prise Curry

1 TL Löwensenf extra oder Dijon-Senf natur

Salz

Pfeffer aus der Mühle

1 EL Sojasauce

Knoblauch und Zwiebel schälen und fein schneiden. Etwas Lauch, Knollensellerie und Karotte putzen und würfeln und mit den Zwiebeln im Gemüsefond garen. Anschließend alle Zutaten mit dem Schneebesen gründlich aufrühren.

Joghurtdressing

1 mittelgroße Knoblauchzehe

150 g Joghurt

100 ml Kondensmilch

1 TL Löwensenf extra oder Dijon-Senf natur

5 EL weißer Balsamico-Essig oder Zitronensaft

etwas Süßstoff

Salz

Pfeffer aus der Mühle oder Cayennepfeffer

1/2 Bund Schnittlauch, gehackt

Den Knoblauch schälen und sehr fein schneiden. Alle Zutaten verrühren, abschmecken und das Dressing nach Belieben aufmixen.

> **Tipp** Um das Dressing zu variieren, kann man auch Curry, Paprika, magere rohe oder gekochte Schinkenwürfel oder Tomaten- und Gemüsewürfel untermischen.

Kräuterdressing

1 kleine Zwiebel

2 Knoblauchzehen

50 g Kräuter (z.B. Petersilie, Schnittlauch, Dill, Rucola, Estragon, usw.)

80 g Joghurt

80 ml weißer Balsamico-Essig

80 g Quark

1 TL Löwensenf extra oder Dijon-Senf natur

Salz

Pfeffer aus der Mühle

1 Spritzer Süßstoff

1 EL Sojasauce

etwas Zitronensaft

Cayennepfeffer

Die Zwiebel schälen, in feine Würfel schneiden und blanchieren. Den Knoblauch ebenfalls schälen und fein schneiden.

Die Kräuter und den Joghurt in einem Becher fein mixen. Zwiebeln, Knoblauch und die restlichen Zutaten zufügen und mixen, bis das Ganze eine cremige Konsistenz hat. Das Dressing mit etwas Zitronensaft und Cayennepfeffer abschmecken.

> **Tipp** Falls die Konsistenz zu cremig ist, kann man das Dressing mit etwas Wermut, z.B. Noilly Prat, »verdünnen«.

Thunfischsauce

150 g Thunfisch natur aus der Dose, ohne Saft

150 g Joghurt

Saft von 1 Zitrone

etwas Süßstoff

1 TL Löwensenf extra oder Dijon-Senf natur

etwas Cayennepfeffer

1 EL Sojasauce

50 ml gebundener Gemüsefond (oder Instant-Produkt)

1 TL Meersalz

etwas Pfeffer aus der Mühle

1 EL Kapern

1 Bund Schnittlauch, gehackt

evtl. Basilikum oder Estragon, gehackt

Alle Zutaten bis auf die Kräuter mit einem Mixer oder einem Zauberstab sehr fein aufmixen. Ist die Konsistenz zu dick, fügen Sie etwas mehr Gemüsefond zu, ist sie zu dünn, korrigieren Sie mit etwas Quark. Zum Schluss die Kräuter zugeben und die Sauce abschmecken.

> **Tipp** Die Thunfischsauce schmeckt sehr gut zu kaltem Braten, wie z.B. zu Kalb, Rind und Geflügel, aber auch zu gebratenem Fisch.

Vorspeisen

Reichenauer Südländersalat mit sauren Truthahnröllchen

1 kleine Zucchini

1 rote Paprikaschote

1 kleine Gurke

2 Tomaten

1 Zwiebel

1 kleine Stange Lauch

$^1/_2$ kleiner Staudensellerie

1 große Karotte

100 g Champignons

1 Kopfsalat

1 Schälchen Kresse

2 Bund Schnittlauch, gehackt

Dressing:

2 Bund Schnittlauch

2 Knoblauchzehen

5 EL milder Essig

1 EL Löwensenf extra

150 g Joghurt

Salz, Pfeffer aus der Mühle

Süßstoff

Truthahnröllchen:

10 kleine, dünne Truthahnschnitzel à ca. 50 g

1 Bund Basilikum

1 EL Löwensenf extra

2 EL Balsamico- Essig

1 kleine Knoblauchzehe

Süßstoff, 10 Zahnstocher

4 Scheiben Vollkornknäckebrot

Die Zucchini in Streifen hobeln. Die Paprikaschote vierteln, das Gehäuse entfernen und die Paprikaviertel in feine Streifen schneiden. Die Gurke schälen, halbieren, das Kerngehäuse herauskratzen und die Gurkenhälften quer in nicht zu dünne Scheiben schneiden. Die Tomaten überbrühen, häuten und achteln. Die geschälte Zwiebel fein hobeln, den gewaschenen Lauch halbieren und das helle Lauchgemüse wie die Gurke in Scheiben schneiden. Den Staudensellerie putzen und klein schneiden. Die Karotte wie die Zucchini hobeln. Die Champignons in Scheiben schneiden. Den Kopfsalat waschen, putzen und die Blätter in mundgerechte Stücke zupfen. Die Kresse ebenfalls zupfen und mit allen anderen Zutaten sowie dem Schnittlauch in eine Schüssel geben.

Für das Dressing die Knoblauchzehen putzen und auspressen. Knoblauch und Schnittlauch mit den anderen Zutaten in einem Schälchen verrühren und nach Belieben mit Salz, Pfeffer und Süßstoff würzen. Den Salat mit dem Dressing angießen und alles leicht vermengen. Den Ofen auf 220 °C vorheizen. Die Truthahnschnitzel leicht klopfen. Die Basilikumblätter von den Stängeln zupfen und in Streifen schneiden. Senf, Balsamico-Essig, Basilikumstreifen, Knoblauch, Süßstoff, Salz und Pfeffer zu einer Marinade verrühren. Die Truthahnschnitzelchen mit dieser Marinade sehr gut benetzen, zusammenrollen und mit einem Zahnstocher fixieren. Die fertigen Röllchen mit dem Rest der Marinade bestreichen, in die Fettpfanne des Ofens setzen und bei 220 °C auf der oberen Schiene 12–15 Minuten garen. Die fertig gegarten Röllchen werden auf dem angerichteten Salat platziert und mit dem Vollkornknäckebrot serviert.

Gemüsecarpaccio mit mariniertem Truthahn und Grapefruit

2 kleine Karotten, 2 kleine Fenchelknollen

1 kleiner Kohlrabi

1 kleiner Rettich, rot oder weiß

3–4 Stangen Spargel, grün oder weiß

1 kleine Zucchini

2 Grapefruit

1 Knoblauchzehe

500 ml ungesüßter Grapefruitsaft

1 Messerspitze Johannisbrotkernmehl

Süßstoff

450 g Putenbrust am Stück

Meersalz, rosa Pfeffer

Karotten, Fenchel und Kohlrabi, Rettich und Spargel schälen und der Länge nach in hauchdünne Scheiben hobeln. Zucchini waschen und ebenfalls der Länge nach fein hobeln. Die Grapefruit filetieren. Die Gemüseblättchen und Grapefruitfilets auf einer Platte oder 4 großen Tellern locker gemischt verteilen.

Den Knoblauch schälen und pressen. Den Grapefruitsaft mit dem Knoblauch aufkochen und das Johannisbrotkernmehl einrühren. Abkühlen lassen, bis die Flüssigkeit lauwarm ist. Mit Süßstoff abschmecken.

Das Fleisch in der Teflonpfanne zartrosa braten. In Alufolie ca. 10 Minuten ziehen lassen. Anschließend in dünne Scheiben schneiden und zwischen dem Gemüse anrichten. Alles mit Salz und rosa Pfeffer würzen und mit der Grapefruitmarinade benetzen.

Felchentoast mit Radieschen

1 Zwiebel

1 Bund Radieschen

250 g Magerquark

150 ml Kondensmilch

1 Bund Schnittlauch, gehackt

Saft von 1 Zitrone

etwas geriebener Meerrettich (frisch oder

aus dem Glas, natur ohne Zucker)

Süßstoff

Salz

Pfeffer aus der Mühle

8 Scheiben Misch-Vollkornbrot

8 kleine Felchenfilets, ohne Haut und

Gräten

Kopfsalatblätter zum Garnieren

Die Zwiebel fein würfeln und abbrühen. Radieschen putzen und in Streifen hobeln.

Den Quark mit der Kondensmilch, den abgebrühten Zwiebelwürfeln, dem Schnittlauch, dem Zitronensaft und dem geriebenen Meerrettich vermengen und mit Süßstoff, Salz und Pfeffer abschmecken.

Das Vollkornbrot entrinden. Jede Scheibe mit je 1 Felchenfilet belegen und mit Salz und Pfeffer würzen.

Die Quarkmasse sorgfälltig auf die Felchenfilets verteilen und für ca. 6–8 Minuten im vorgeheizten Ofen bei 220 °C backen.

Je 2 Brotscheiben auf einen Teller platzieren und mit den gehobelten Radieschen bestreuen.

Nach Belieben mit Kopfsalatblättern garnieren.

Salat Nizza

1 mittelgroße Zwiebel

150 g Joghurt

1 TL Löwensenf extra

Saft von 1 Zitrone

1 Knoblauchzehe

2 Dosen Thunfisch natur

Süßstoff

Meersalz

weißer Pfeffer

200 g zarte grüne Bohnen

2 große Strauchtomaten

1 großer Kopfsalat

2 Bund Schnittlauch, gehackt

Die Zwiebel schälen, würfeln und abbrühen. Abkühlen lassen und in einer Salatschüssel mit Joghurt, Senf und Zitronensaft vermengen. Knoblauch schälen, pressen und unter die Marinade rühren. Etwas Thunfischsaft hinzufügen, mit Süßstoff, Meersalz und weißem Pfeffer abschmecken.

Die Bohnen kurz in wenig sprudelndem Salzwasser bei mittlerer Hitze kochen, bis sie noch knackig sind. Dann die Bohnen abschrecken. Die Tomaten halbieren und in nicht zu dicke Scheiben schneiden. Die Kopfsalatblätter, die Tomatenscheiben und die abgekühlten Bohnen mit der Marinade vermengen. Den Salat auf einem Teller anrichten, mit Thunfischstückchen umlegen und mit dem Schnittlauch garnieren.

Gambas mit Gurke und Tomate

16 Gambas (tiefgefroren, in der Schale

ohne Kopf)

Salz und Pfeffer aus der Mühle

1 mittelgroße Zwiebel

2 Knoblauchzehen

1 TL Tomatenmark

500 ml Tomatensaft

1 Salatgurke, 2 Tomaten

150 g Quark

etwas Sambal Oelek

etwas Balsamico-Essig

etwas Zitronensaft

Süßstoff

Die Gambas auftauen, aus der Schale brechen und den Darm entfernen. In einer Teflonpfanne trocken anbraten, halbgar herausnehmen, beiseite stellen und mit Salz und Pfeffer würzen. Die Zwiebel schälen und in feine Würfel schneiden. Den Knoblauch schälen und pressen. Beides mit dem Tomatenmark bei mittlerer Hitze anbraten, mit dem Tomatensaft ablöschen und bei mittlerer Hitze bis auf die Hälfte einkochen lassen. Während die Tomatensauce einkocht, die Gurke schälen, halbieren und quer in dünne Scheiben schneiden. Die Tomaten waschen, halbieren und ebenfalls in dünne Scheiben schneiden.
Gurken- und Tomatenscheiben auf den 4 Tellern abwechselnd am Tellerrand drapieren. Wenn die Tomatensauce ein-gekocht ist, den Quark unterrühren und das Ganze mit Salz, Pfeffer und etwas Sambal Oelek abschmecken. Die Sauce mit dem Zauberstab oder dem Mixer pürieren. Die Gambas mit dem Balsamico-Essig, dem Zitronensaft und evtl. ein wenig Süßstoff mischen und ziehen lassen.
Je 4 Gambas mit der Sauce in der Mitte der vorbereiteten Teller platzieren.

Tipp Sambal Oelek vorsichtig dosieren, es ist sehr scharf!

Hawaii Toast »Spezial«

8 große Scheiben Misch-Vollkornbrot

150 g magerer gekochter Schinken (hauchdünn geschnitten)

1 kleine frische Ananas

250 g weiße oder braune Champignons

300 g Harzer Käse

150 g magerer gekochter Schinken (zum Würfeln)

160 g Quark

etwas Milch

Salz

Pfeffer aus der Mühle

1 Prise Paprikapulver

1 Eiweiß

Den Backofen auf Oberhitze einstellen und auf 220 °C vorheizen.

Das Brot entrinden und leicht toasten. Auf einem kalten Backblech auslegen und mit Schinkenscheiben luftig belegen. Die Ananas entrinden, die schwarzen Punkte ausschneiden, der Länge nach halbieren, vierteln und das Kerngehäuse entfernen. Das Fruchtfleisch in 1 cm dicke Scheiben schneiden und diese auf dem mit Schinken belegten Brot verteilen. Die Champignons putzen, in Scheiben schneiden und ebenfalls auf die Brote geben.

Den Harzer Käse in etwa 5 mm große Würfel schneiden, mit den Schinkenwürfeln vermengen und beides mit dem Quark und einem Schuss Milch zu einer geschmeidigen Masse verarbeiten. Mit Salz, Pfeffer sowie Paprika abschmecken.

Das Eiweiß in einer fettfreien Schüssel mit einer Prise Salz zu steifem Schnee schlagen. Den Eischnee vorsichtig unter die Quarkmasse heben und die Mischung auf den Broten verteilen. Im vorgeheizten Ofen goldbraun überbacken.

> **Tipp** Empfehlenswert ist zu diesem Gericht ein Tomatensalat.

Toast vom Harzer Käse mit Kopfsalat und Birne

1 Zwiebel

100 g Senfgurke

200 g reifer Harzer Käse

2 EL Kondensmilch

1 Bund Schnittlauch, gehackt

1 TL Paprikapulver

Salz

Pfeffer aus der Mühle

gerösteter Kümmel nach Belieben

8 Scheiben Knäckebrot

1 Kopfsalat

1 reife Birne

150 g Joghurt

1 TL Löwensenf extra

etwas milder Essig (z.B. weißer Balsamico-Essig oder Reisessig)

Süßstoff

Den Backofen auf Oberhitze einstellen und auf 220 °C vorheizen.

Die Zwiebel schälen, in feine Würfel schneiden, überbrühen und abkühlen lassen. Die Senfgurke in kleine Würfel schneiden. Den Harzer Käse mit einer Gabel zerdrücken und mit der Kondensmilch anrühren. Zwiebel, Senfgurke und Schnittlauch hinzufügen und mit Paprika, Salz, Pfeffer und Kümmel abschmecken.

Die Masse gleichmäßig auf dem Knäckebrot verteilen, vorsichtig auf ein Backblech legen und 3 Minuten im vorgeheizten Ofen bräunen.

Den Kopfsalat putzen, waschen und zerkleinern. Die Salatblätter in eine Schüssel geben. Die Birne schälen, vierteln, das Gehäuse entfernen und das Fruchtfleisch quer in feine Blätter schneiden. Joghurt und Senf mit etwas Essig glatt rühren, mit Salz, Pfeffer und wenig Süßstoff abschmecken und die Birnenblätter vorsichtig unterheben.

Das Dressing mit dem Salat vermengen, das Ganze mit etwas grobem Pfeffer garnieren und zu dem Toast reichen.

> **Tipp** Das Brot beim Bestreichen auf ein dickes Tuch legen, damit es nicht bricht.

Champignon-Bohnensalat mit Tomate und Straußen-Roastbeef

600 g zartes Straußenfleisch am Stück

(ohne Fett und Sehnen)

Salz

Pfeffer aus der Mühle

etwas Knoblauch

200 g feine grüne Bohnen

2 große Tomaten

250 g weiße, feste, kleine Champignons

100 ml Kondensmilch

etwas Zitronensaft

Salz und Pfeffer aus der Mühle

Süßstoff

Knoblauch

1 Kopf Lollo Biondo oder Lollo Rosso

1 Bund Kerbel, Koriander oder Basilikum, gehackt

Den Backofen auf 220 °C vorheizen. Das Straußenfleisch von allen Seiten in der Teflonpfanne anbraten, mit Salz, Pfeffer und etwas Knoblauch würzen und anschließend 10 Minuten in Alufolie ruhen lassen. Danach aus der Alufolie nehmen und in der Fettpfanne des Backofens auf Backpapier ca. 12–15 Minuten weiterbraten.

Die Bohnen der Länge nach halbieren, in leicht gesalzenem, sprudelndem Wasser al dente kochen, abschrecken und abtropfen lassen. Die Tomaten einschneiden, abbrühen, häuten und ach-

teln. Die Kerne herauslösen und den gesamten Saft für das Dressing auffangen. Die geputzten Champignons vierteln und den Salat putzen.

In einer Salatschüssel die Kondensmilch mit dem Tomatensaft, der Zitrone und etwas Süßstoff glatt rühren und mit Salz, Pfeffer und gepresstem Knoblauch abschmecken.

Champignons, Bohnen, Tomatenschiffchen und Salatblätter in der Marinade anmachen und auf Tellern oder einer Platte anrichten. Das Fleisch dünn aufschneiden, auf dem Salat anrichten und das Ganze mit den fein gehackten Kräutern garnieren.

> Straußenfleisch schmeckt am besten englisch-rosa. Nicht durchbraten, sonst wird es zäh und schmeckt nicht so gut.

Auberginen-Rouladen mit Harzer Käse

2 feste, mittelgroße Auberginen

4 Knoblauchzehen

4 EL Balsamico-Essig

Salz

Pfeffer

2 mittelgroße Zwiebeln

2 Tomaten

100 g Bündnerfleisch oder geräucherter

Lachsschinken

1 TL Tomatenmark

2 EL Kapern

1 Zweig Basilikum

Süßstoff

150 ml Kondensmilch

100 g Harzer Käse

Den Backofen auf 220 °C vorheizen. Die Auberginen waschen, die Stiele am Ansatz abschneiden und sie der Länge nach in dünne Scheiben schneiden. Die Scheiben auf einem Blech oder einer Platte so der Länge nach auslegen, dass sie sich halb überlappen und dass 8 Streifen entstehen. Den Knoblauch schälen, fein hacken und mit dem Balsamico-Essig sowie etwas Salz und Pfeffer zu einer Marinade verrühren und auf den Auberginenscheiben verteilen.

Die Zwiebeln fein würfeln und in einer Teflonpfanne ohne Fett leicht anbraten. Die Tomaten würfeln, das Bündnerfleisch in Streifen schneiden und beides mit dem Tomatenmark sowie den Kapern und den Zwiebeln vermengen. Die gewaschenen Basilikumblätter klein schneiden. Die Zwiebelmischung mit Salz, Pfeffer, einem Schuss Balsamico-Essig, den Basilikumblättern und etwas Süßstoff abschmecken und mit der Kondensmilch ablöschen. Nochmals abschmecken und alles kurz einkochen lassen, bis die Masse cremig ist.

Die Zwiebelmischung auf den Auberginen verteilen, diese wie Rouladen einrollen und in eine feuerfeste Form schichten. Den Harzer Käse in Scheiben schneiden, auf die Auberginenrouladen legen und das Ganze 20 Minuten im Ofen fertig garen.

Auberginenpüree im Tomatenspiegel mit Kasseler

2 große Auberginen
Salz
Pfeffer aus der Mühle
Saft von 1 Zitrone
1 Zweig Rosmarin
4 Knoblauchzehen
2 mittelgroße Zwiebeln
150 ml Milch
1 Messerspitze Johannisbrotkernmehl
250 ml Tomatensaft
1 Prise Cayennepfeffer
1 TL Tomatenmark
400 g hauchdünne magere Kasseler-Scheiben
1 Bund Schnittlauch, gehackt

Den Backofen auf 200 °C vorheizen. Die Auberginen der Länge nach halbieren und an der Schnittfläche tief kreuzweise einschneiden, ohne dass die Schale verletzt wird. Mit Salz, Pfeffer, dem Zitronensaft sowie den Rosmarinnadeln würzen. Die Knoblauchzehen schälen und halbieren, die Zwiebeln schälen und in feine Streifen schneiden. Beides auf den Auberginen verteilen und diese mit der Schnittfläche nach oben auf ein mit Backpapier ausgelegtes Backblech setzen.

Die Milch vorsichtig in die Schnitte der Auberginenhälften gießen und alles auf der mittleren Schiene 25–30 Minuten backen. Danach das butterweiche Fleisch der Auberginen, die Gewürze, Knoblauch und Zwiebeln aus der Schale kratzen, in eine Schüssel geben und alles fein pürieren. Mit Salz und Pfeffer abschmecken, die Auberginenhaut klein schneiden und unterheben. Das Püree sollte eine massige Konsistenz haben.

Das Johannisbrotkernmehl in den Tomatensaft einrühren und den Saft aufkochen. Den heißen Tomatensaft mit Salz, Cayennepfeffer und Tomatenmark abschmecken und vorsichtig als Spiegel auf 4 Teller gießen. Das Auberginenpüree nochmals erwärmen und auf dem Tomatensaftspiegel platzieren. Die Kasseler-Scheiben auf die Teller verteilen und alles mit Schnittlauch garnieren.

Geräucherter Felchensalat mit Bohnen, Tomaten und Rucola

Dressing:

200 ml Gemüsebrühe (s. Basisrezept oder Instant-Produkt)
1 Messerspitze Johannisbrotkernmehl
etwas frischer Meerrettich
4 Knoblauchzehen
50 ml weißer Balsamico-Essig
Salz
Pfeffer aus der Mühle
Süßstoff

Salat:

200 g grüne Bohnen
2 große Tomaten
1 Gurke
4 geräucherte Felchenfilets
1 Kopfsalat
1 großes Bund Rucola
4 mittelgroße Schalotten

Die Gemüsebrühe mit dem Johannisbrotkernmehl binden, nochmals kurz aufkochen und abkühlen lassen.

Den Meerrettich schälen und reiben, den Knoblauch schälen und pressen, Schalotten in Streifen schneiden und kurz abbrühen. Diese Zutaten mit dem Balsamico-Essig und Gemüsebrühe sowie etwas Salz, Pfeffer und Süßstoff verrühren oder mixen, bis eine cremige Konsistenz entsteht.

Die Bohnen waschen, in mundgerechte Stücke schneiden und in leicht gesalzenem, sprudelnd kochendem Wasser kurz al dente kochen. Die Bohnen abschrecken und abkühlen lassen.

Die Tomaten waschen und in dünne Scheiben schneiden. Die Gurke schälen und ebenfalls in dünne Scheiben schneiden. Beides jeweils abwechselnd auf 4 Teller verteilen.

Die Felchenfilets in einer zugedeckten Pfanne leicht erwärmen, vorsichtig in etwa fingergroße Stücke zupfen und in eine große Schüssel legen. Kopfsalat und Rucola waschen, in kleine Blätter zupfen und zu den Felchen geben. Die Bohnen über den Salat streuen. Das Dressing hinzufügen. Nochmals abschmecken und den Salat auf den vorbereiteten Tellern mit Gurke und Tomate arrangieren.

Salat von grünem Spargel und Crevetten in Tomatencreme mit Thunfisch

1 Knoblauchzehe

Saft von 1 Zitrone

Salz

Pfeffer aus der Mühle

400 g Crevetten in der Lake oder

tiefgefroren

1,5 kg grüner Spargel

1 mittelgroße Zwiebel

2 Knoblauchzehen

4 mittelgroße Tomaten

je 1 Zweig Thymian und Rosmarin

1 Lorbeerblatt

1 EL Tomatenmark

150 ml Kondensmilch

Süßstoff

150 g Joghurt

etwas Sherryessig oder weißer Balsamico-Essig

250 g Thunfisch natur aus der Dose

1 Knoblauchzehe schälen und in eine Schüssel pressen. Mit Zitronensaft, etwas Salz und Pfeffer zu einer Marinade verrühren, mit den die Crevetten vermengen und ziehen lassen.
Den grünen Spargel schälen und in leicht gesalzenem Wasser kochen.
Die Zwiebel schälen und in feine Würfel schneiden. 2 Knoblauchzehen schälen und fein hacken. Beides in einer Teflonpfanne bei mäßiger Hitze glasig werden lassen. Unterdessen 3 Tomaten würfeln und zu den Zwiebeln und dem

Knoblauch in die Pfanne geben. 1 Tomate leicht einschneiden, abbrühen, häuten und in kleine Würfel schneiden. Den Saft auffangen und beiseite stellen. Thymianblätter und Rosmarinnadeln von den Stängeln zupfen und mit dem Lorbeerblatt und dem Tomatenmark zu der Zwiebelmischung geben. Alles kurz ziehen lassen und dann die Kondensmilch und den Saft der gehäuteten Tomate hinzufügen. Mit Salz, Pfeffer und Süßstoff würzen und 15 Minuten köcheln lassen. Sollte sich die Flüssigkeit in der Pfanne zu sehr reduzieren, mit wenig Wasser aufgießen.
Am Ende der Garzeit nochmals abschmecken und die Mischung durch ein Sieb passieren. Den Joghurt zufügen und alles mit dem Zauberstab pürieren, bis die Tomatencreme eine glatte Konsistenz hat. Mit Essig abschmecken und die Tomatenwürfel unterheben.
Den Spargel auf einer Platte anrichten, die in Zitrone und Knoblauch marinierten Crevetten sowie den zerkleinerten Thunfisch darauf verteilen und die Tomatencreme darüber geben.

Weißes Tomatenmus mit Hackepeter von der Quellwasserforelle

4 Blatt Gelatine

150 ml Milch

300 ml heiße Tomatenkraftbrühe

(s. Basisrezept)

Salz

Pfeffer aus der Mühle

etwas weißer Balsamico-Essig

4 Forellenfilets ohne Haut (ca. 300–350 g)

1 mittelgroße Zwiebel

1 mittelgroße Karotte

1/2 kleine Sellerieknolle

1 kleiner Lauch

etwas Weißwein

1 Knoblauchzehe

1 EL Estragon

1 EL Joghurt

Saft von 1 Zitrone

1 EL Sojasauce

etwas Pernod

Cayennepfeffer

Die Gelatine in kaltem Wasser quellen lassen (siehe Herstellerangabe). Die kalte Milch mit dem Zauberstab so lange aufschlagen, bis ein fast fester Schaum entsteht.
Die gequollene Gelatine in der heißen Tomatenbrühe auflösen und in einer Schüssel im Eis-Wasserbad ca. 6–8 Minuten mit dem Handrührgerät schaumig rühren. Den Milchschaum unterheben und die Mischung mit Salz, Pfeffer und Balsamico-Essig abschmecken.

Diese Masse in 4 Kaffeetassen füllen und mindestens 1– 1,5 Stunden kühl stellen. Ist die Masse fest, das Tomatenmus auf 4 Teller stürzen. Das Stürzen geht einfach, wenn man die Tassen vorher kurz unter heißem Wasser erwärmt. Inzwischen die Forellenfilets hacken und kalt stellen. Die Zwiebel schälen und fein würfeln. Karotte und Sellerie schälen und in kleine Würfel schneiden. Den hellen Teil der Lauchstange waschen und in dünne Scheiben schneiden. Die Zwiebel- und Gemüsewürfel in einen Topf geben und in etwas Weißwein bei mittlerer Hitze weich dünsten. Das Gemüse mit Salz und Pfeffer abschmecken und abkühlen lassen. Den Knoblauch schälen und mit etwas Salz fein hacken. Den Estragon zupfen und klein schneiden. Die gehackten Forellenfilets und den Joghurt zum Gemüse geben, mit dem Zitronensaft, der Sojasauce, dem Knoblauch, Estragon, einem Schuss Pernod und etwas Cayennepfeffer mischen und mit Salz und Pfeffer abschmecken.

Aus dem Hackepeter pro Person 2 Küchlein formen und diese mit dem Tomatenmus auf den Tellern anrichten.

Tipp Die Küchlein können nach Belieben auch auf einer Backfolie im Ofen angebraten werden. Zusätzlich kann man auch einen kleinen Blattsalat mit Tomatendressing oder Kräuterdressing servieren. Hackepeter kann auch aus Fleisch, z.B. Schweine- oder Rindfleisch, hergestellt werden.

Blumenkohlrösti mit Bündnerfleisch

2 kleine Blumenkohlköpfe
1 kleine rote Paprikaschote
2 mittelgroße Zwiebeln
etwas Knoblauch
Salz
Pfeffer aus der Mühle
1 EL Rosmarin
2 Eiweiß
100 ml Kondensmilch
100 g geräucherter Schinken
etwas Zitronensaft
Cayennepfeffer
200 g Bündnerfleisch (beim Metzger in hauchdünne Scheiben schneiden lassen)

Den Blumenkohl putzen und waschen. Den Strunk entfernen. Die Röschen zerkleinern. Die Paprikaschote waschen, putzen, vierteln und in Streifen schneiden. Die Zwiebel schälen und vierteln. Die Schichten der Zwiebelviertel so auseinander brechen, dass einzelne Schiffchen entstehen. Den Knoblauch schälen und fein hacken.

Blumenkohl, Paprika und Zwiebeln bei mittlerer Hitze in einer Teflonpfanne zunächst anbraten. Mit Salz, Pfeffer, Knoblauch und Rosmarin würzen und 10–12 Minuten vorsichtig weiterbräunen.

Unterdessen das Eiweiß schaumig schlagen und den geräucherten Schinken in Würfel schneiden. Eiweiß, Kondensmilch, Schinken, Zitronensaft sowie nach Belieben etwas Salz, Pfeffer und Cayennepfeffer zu der Gemüsemi-

schung geben und alles vorsichtig vermengen.

Die Masse in der Pfanne verteilen, vorsichtig anbraten und sanft vom Pfannenboden lösen. Das Rösti wenden: Den Pfanneninhalt im Ganzen auf einen ausreichend großen Deckel rutschen lassen, die Pfanne darauf setzen und die Masse wieder in die Pfanne stürzen. Von der zweiten Seite kurz anbraten lassen und auf einer runden Platte oder einem Teller anrichten.

Das Blumenkohlrösti mit den Bündnerfleischscheiben garnieren und servieren.

Bodenseefischsalat in Gemüsevinaigrette mit Ofentomaten

4 große, reife Strauchtomaten

Salz und Pfeffer aus der Mühle

2 Zwiebeln

etwas Weißwein

1 Prise Kräuter der Provence

4 EL Sojasauce

600 g Fischfilet ohne Gräten, z.B. Kretzer, Felchen, Forelle oder Zander

Saft von 1 Zitrone

etwas Johannisbrotkernmehl

4 Eiweiß

1 Schuss Kondensmilch

1 kleiner Bund Schnittlauch, gehackt

Gemüsedressing mit etwas mehr Knoblauch (s. Basisrezept)

Den Backofen auf 200 °C vorheizen. Die Tomaten waschen, halbieren, den grünen Strunk entfernen, die Hälften mit Salz und Pfeffer würzen und auf ein mit Backpapier ausgelegtes Backblech setzen. Die Zwiebeln schälen, in feine Würfel schneiden und in einen Topf geben. Etwas Weißwein angießen, die Zwiebeln mit je einer Prise Salz, Pfeffer und Kräuter der Provence würzen und bei mittlerer Hitze im Wein weich dünsten.

Die Tomatenhälften mit den weichen Zwiebeln und der Sojasauce benetzen und im vorgeheizten Ofen ca. 12–15 Minuten backen.

Die Fischfilets in mundgerechte Stücke schneiden und mit Salz, Pfeffer und dem Zitronensaft würzen. Anschließend leicht mit Johannisbrotkernmehl bestäuben. Das Eiweiß schaumig, aber nicht zu festem Schnee schlagen, und einen guten Schuss Kondensmilch so-

wie den Schnittlauch unterheben. Den Fisch in der Eiweißmischung wenden und in eine Teflonpfanne geben oder auf ein Backblech mit Backpapier setzen. Im vorgeheizten Ofen in etwa 20 Minuten garen, bis der Fisch goldbraun ist.

Den Fisch auf den Tellern platzieren und mit der Gemüse-Vinaigrette benetzen. Die Tomaten anlegen und ebenfalls mit der Vinaigrette benetzen.

Tipp Auch Salzwasserfische sind für dieses Rezept gut geeignet. Allerdings sollte man auf den Fettgehalt dieser Fische achten.

Carpaccio vom Rind mit Pesto und Südländersalat

Carpaccio:

400 g Rinderlende oder Rinderrücken
ohne Fett und Sehnen
1 Knoblauchzehe
8 EL milder Balsamico-Essig
Salz
Pfeffer aus der Mühle
1 Papaya
100 g Tofu

Salat:

1 kleine Zucchini
1 rote Paprikaschote
1 kleine Gurke
2 Tomaten
1 Zwiebel
1 kleine Stange Lauch
1/2 kleiner Staudensellerie
1 große Karotte
100 g Champignons
1 Kopfsalat
1 Schälchen Kresse
ca. 100 g Schnittlauch

Pesto:

2 Knoblauchzehen
1 kleiner Bund Basilikum, gezupft und fein
geschnitten
1 TL Tomatenmark
8 EL Kondensmilch

Dressing:

2 Bund Schnittlauch
2 Knoblauchzehen
5 EL milder Essig
1 EL Löwensenf extra
150 g Joghurt
Salz, Pfeffer, Süßstoff

Das gesäuberte Fleisch entweder schon beim Metzger in ca. 2 mm dünne Scheiben schneiden lassen oder selbst sauber parieren, d.h. von Haut, Fett und Sehnen befreien und in dünne Scheiben schneiden und plattieren. Einen Teller mit der Knoblauchzehe und dem Balsamico-Essig ausreiben und mit Salz und Pfeffer bestreuen. Das Fleisch leicht faltig auf dem Tellerboden auslegen. Für das Pesto den Knoblauch schälen, pressen und mit einer Prise Salz vermengen. Die geschnittenen Basilikumblätter und den Knoblauch im Mörser

oder in einer Glasschüssel mit dem Tomatenmark und nach Belieben mit einer weiteren Prise Salz zerstampfen
und mit ein wenig Kondensmilch gut
vermengen. Dann den Rest der Kondensmilch sowie etwas Pfeffer zufügen
und das Fleisch mit der Mischung einpinseln.

Die Papaya putzen, schälen und in kleine Würfel schneiden. Den Tofu grob reiben und mit den Papaya-Würfeln über
das Fleisch streuen.

Für den Salat die Zucchini in Streifen
hobeln, die Paprikaschote vierteln, das
Gehäuse entfernen und die Paprikaviertel in feine Streifen schneiden. Die
Gurke schälen, halbieren, das Kerngehäuse herauskratzen und die Gurkenhälften quer in schmale Scheiben
schneiden. Die Tomaten leicht einschneiden, abbrühen, abziehen und
achteln. Die geschälte Zwiebel fein hobeln, den gewaschenen Lauch halbieren und das helle Lauchgemüse in Streifen schneiden. Den Staudensellerie
putzen und ebenfalls quer in Scheiben
schneiden. Die Karotte wie die Zucchini hobeln. Die Champignons in Scheiben schneiden. Den Kopfsalat zerteilen,
waschen und die Blätter sowie die Kresse zerkleinern. Alles, auch den Schnittlauch, in eine Schüssel geben.

Für das Dressing den Schnittlauch waschen und klein schneiden. Die Knoblauchzehen putzen und pressen. Beides
mit Essig, Senf und Joghurt in einem
Schälchen verrühren und nach Geschmack mit Salz, Pfeffer und Süßstoff
würzen. Das Dressing mit dem Salat
vermengen.

Das Carpaccio mit dem Salat säumen.

Tipp Dieses Gericht kann auch lauwarm serviert werden. Dafür das
Fleisch im vorgeheizten Ofen bei starker Oberhitze nach Belieben angaren
und anschließend mit Pesto benetzen.

Champignon–Zucchinisalat mit Seezungenröllchen

Pesto:
1 Bund Rucola
1 Knoblauchzehe
1 TL Tomatenmark
2 El Kondensmilch
Salz
Pfeffer aus der Mühle

Seezungenröllchen:
1 mittelgroße filetierte Seezunge
(ca. 600 g) oder 8 Filets à ca. 70 g
etwas Weißwein

Salat:
500 g feste, kleine Champignons
2 kleine Zucchini (ca. 400 g)
2 reife Tomaten
1 Bund Schnittlauch
Gemüsedressing ohne Petersilie
(s. Basisrezept)
Saft von 1 Zitrone

Die Stiele des Rucola entfernen. Die Ru-
cola-Spitzen fein schneiden. Die Knoblauchzehe schälen und pressen. Beides
mit Tomatenmark, Kondensmilch sowie etwas Salz und Pfeffer verrühren
oder im Mörser zu einem Brei stampfen

und anschließend mit Salz und Pfeffer
abschmecken.

Den Backofen auf 200 °C vorheizen.
Die Seezunge in 8 Filets schneiden bzw.
die bereits geschnittenen Seezungenfilets mit der Hautseite nach unten auf
einer Platte ausbreiten, mit dem Pesto
bestreichen und von der dicken Seite
aus zur dünnen aufrollen. Jedes Röllchen mit einem Zahnstocher fixieren.
Die Seezungenröllchen in eine Teflonpfanne setzen, mit Salz und Pfeffer würzen und etwas Weißwein angießen. Das
Ganze kurz ankochen und mit einer
Alufolie abgedeckt 10 –12 Minuten im
Ofen weitergaren.

Die Champignons putzen, die Stiele
entfernen und die Pilze in feine Scheiben schneiden. Die Zucchini waschen
und in kleine Stifte schneiden. Die Tomaten häuten, das Kerngehäuse entfernen und das Fleisch würfeln. Den
Schnittlauch in Röllchen schneiden und
das Gemüsedressing zubereiten (s. Basisrezept). Champignons, Zucchini und
Tomaten mit ²/₃ des Dressings und dem
Zitronensaft marinieren und mit dem
Schnittlauch als Beet auf den Tellern
anrichten.

Die gegarten Seezungenröllchen halbieren, die Zahnstocher entfernen und
je 2 Röllchen auf ein Salatbeet setzen.
Den Rest des Dressings auf den Seezungen verteilen.

Tipp Statt Champignons kann man
auch kurz angebratene Pfifferlinge verwenden und statt Seezunge kleine Zanderfilets oder Steinbeißerfilets.

Chicoree-Grapefruit-Paprika-Salat mit Hühnchen

ca. 500 g Chicoree

4 Hühnerbrüstchen ohne Fett, Haut und Knochen (à ca. 150 g)

100 ml Milch

100 ml Kondensmilch

etwas Paprikapulver

1 Messerspitze Johannisbrotkernmehl

2 große gelbe Grapefruit

2 mittlere Zucchini

1 kleine Paprikaschote

100 g gekochter Schinken

mildes Paprikapulver

1 Bund Basilikum oder Estragon, fein geschnitten

Dressing:

1 Knoblauchzehe

300 g Joghurt

2 TL Löwensenf extra oder Dijon-Senf natur

10 EL weißer Balsamico-Essig oder Zitronensaft

Salz

Pfeffer aus der Mühle oder Cayennepfeffer

Süßstoff

Den Chicoree ca. $1/2$ Stunde in lauwarmem Wasser einlegen, damit er etwas von seinem bitteren Geschmack verliert.

Für das Salat-Dressing den Knoblauch fein schneiden und diesen mit Joghurt, Senf, Balsamico-Essig, etwas Salz, Pfeffer oder nach Belieben Cayennepfeffer und Süßstoff glatt rühren.

Die Hühnerbrüste in der Milch und der Kondensmilch in der Pfanne bei geringer Hitze ca. 8–10 Minuten gar ziehen lassen und mild abschmecken. Das Fleisch herausnehmen und abkühlen lassen. Die Kondensmilch und Milch mit je einer Messerspitze Paprikapulver und Johannisbrotkernmehl leicht abbinden, aufmixen und unter das vorbereitete Dressing rühren. Das abgekühlte Fleisch in fingergroße Stücke schneiden.

Die weißen Chicoreeblätter der Breite nach halbieren. Die Spitzen beiseite legen, die Unterteile mit dem Messer in Streifen schneiden. Die Grapefruit mit einem scharfen Messer schälen, die Filets herauslösen und den Saft auffangen. Die Zucchini waschen und in Streifen hobeln, die Paprikaschote entkernen, vierteln und in feine Streifen schneiden. Den Schinken in Streifen schneiden. Zucchini, Paprikastreifen, Schinken und die Fleischstückchen mit der Hälfte des Dressings vermischen, 10 Minuten ziehen lassen und nochmals mit Paprika, Salz, Pfeffer und Süßstoff abschmecken.

Die Spitzen der Chicoreeblätter rosettenartig auf den Tellern anrichten, die Grapefruitfilets darauf verteilen und den angemachten Salat in die Mitte der Teller häufeln. Basilikumblätter oder Estragon fein schneiden, den Salat damit bestreuen und mit dem Rest des Dressings die Blätter und Filets benetzen.

Tipp Statt Hühnerbrust kann man auch geräucherte Putenbrust verwenden.

Felchen-»Matjes« nach Hausfrauenart

8 g frische Felchenfilets à 80– 100 g mit Haut, ohne Gräten

2 kleine Zwiebeln

150 g gemischtes Gemüse (Karotte, Sellerie, Helles vom Lauch)

1 süßsaurer Apfel (Granny Smith)

¹/₂ Salatgurke

1 Lorbeerblatt

20 Pfefferkörner

10 Wacholderbeeren

etwas rosa Pfeffer

1 Spritzer Süßstoff

4 EL Estragon- oder Weißweinessig

etwas Weißwein

Salz

Pfeffer aus der Mühle

Die Zwiebeln schälen und in Streifen schneiden. Karotte, Sellerie und Lauch putzen und in Streifen schneiden. Apfel und Salatgurke schälen und in Streifen schneiden. Zwiebeln, Gemüse, Apfel und Gurke mit den Gewürzen in Essig und Weißwein in etwa 4–5 Minuten bissfest garen. Mit Salz und Pfeffer kräftig abschmecken.

Alles abkühlen lassen und mit den Fischfilets in eine Schüssel mit ca. 2 l Volumen schichten. Fisch und Gemüse mit kaltem Wasser bedecken und für 1–2 Tage zum Marinieren und Konservieren in den Kühlschrank stellen.

Nach Belieben aus Joghurt und Quark eine Creme zubereiten und dazu servieren.

Feinschmeckersalat mit geschmolzenen Lendchen

Dressing:

150 ml Gemüsebrühe (s. Basisrezept oder Instant-Brühe)

1 Messerspitze Johannisbrotkernmehl

4 Knoblauchzehen

Saft von 2 Zitronen

etwas Süßstoff

Salz und Pfeffer aus der Mühle

etwas Cayennepfeffer oder Chili

Salat:

250 g Bohnen

250 g Champignons

2 Schalotten

2 Tomaten

1 kleiner Kopfsalat

1 Bund Schnittlauch, gehackt

Fleisch:

1 Knoblauchzehe (zum Ausreiben einer Platte)

600 g parierte Schweinelendchen (in 5 mm starke Scheiben geschnitten)

4 EL Balsamico-Essig

4 EL Gemüsebrühe

Den Backofen auf Oberhitze einstellen und auf 220 °C vorheizen.

Die Gemüsebrühe mit etwas Johannisbrotkernmehl abbinden. Die Knoblauchzehen schälen und fein hacken. Knoblauch, Zitronensaft und Gemüsebrühe verrühren und mit Salz, Pfeffer, Süßstoff und Cayennepfeffer oder Chili würzen und abschmecken.

Die Bohnen etwa fingerlang schneiden und kurz in wenig sprudelndem Salzwasser bei mittlerer Hitze al dente kochen. Die Champignons putzen und in feine Scheiben schneiden. Die Schalotten schälen und fein hobeln. Die Tomaten überbrühen, häuten, vierteln und die Kerne entfernen. Den Kopfsalat waschen, putzen und die Blätter in mundgerechte Stücke zupfen. Bohnen, Champignons, Schalotten, Tomatenschiffchen, Kopfsalat und einen Teil des Schnittlauchs vorsichtig mit dem Dressing vermengen, alles abschmecken und auf Teller verteilen. 2 EL des Dressings zurückbehalten.

Die Lendchenscheiben auf einer mit Knoblauch ausgeriebenen feuerfesten Platte auslegen, mit dem Balsamico-Essig und der Gemüsebrühe benetzen und mit Salz und Pfeffer würzen. Im vorgeheizten Ofen auf der obersten Schiene 3–4 Minuten medium garen. Die heißen Fleischscheiben am Salatrand anrichten, die restliche Marinade über den Salat träufeln und mit Schnittlauch garnieren.

> **Tipp** Dieses Gericht harmoniert auch mit anderem Fleisch oder Fisch wie z.B. gebratener Geflügelbrust oder Roastbeef.

Feldsalat im Tomatenspiegel mit Pilzen und Schinken

400 g roher Schinken (in dünne Scheiben geschnitten)

250 g Feldsalat

120 g gekochter Schinken, ohne Fett

250 g kleine weiße Champignons

Tomatendressing (s. Basisrezept, doppelte Menge)

Salz

Pfeffer aus der Mühle

frische gehackte Kräuter nach Belieben

etwas Zitronensaft

Den Schinken vom Fett befreien. Die Schinkenscheiben zu Tütchen formen. Den Feldsalat putzen und waschen. Den gekochten Schinken in ca. 2 mm feine Würfel schneiden. Die Champignons putzen und vierteln. Den Feldsalat mit den Schinkenwürfeln mischen und mit der Hälfte des Tomatendressings vermischen, die andere Hälfte des Dressings auf die Teller gießen.
Die Pilze in einer Teflonpfanne anbraten, mit Salz, Pfeffer und Zitronensaft abschmecken und am Tellerrand der vorbereiteten Teller verteilen. Den Salat in der Mitte platzieren und die Schinkenröllchen zu den Pilzen drapieren. Den Salat mit den gehackten Kräutern bestreuen.

Tipp Beim Metzger nachfragen, ob der Schinken nach Möglichkeit mit keinem oder sehr wenig Zucker gebeizt ist.

Forellentatar mit Bohnensalat

Tatar:

6 sehr frische Forellenfilets ohne Haut und Gräten

6 Schalotten

$1/2$ Salatgurke

100 g getrocknete Tomaten ohne Öl

Saft von $1/2$ Zitrone

80 ml Gemüsebrühe

etwas Süßstoff

Salz, Pfeffer aus der Mühle

Cayennepfeffer

Salat:

400 g geputzte grüne Bohnen

1 Kopf Radicchio

100 g gekochter Schinken

1 Bund Rucola oder Kresse

2 Strauchtomaten

Dressing:

Gemüse- oder Tomatendressing (s. Basisrezept)

Die Forellenfilets mit einem scharfen Messer zu Tatar hacken und kalt stellen. Die Schalotten schälen und fein hacken. Die Salatgurke schälen, halbieren, die Kerne entfernen und in feine Würfel schneiden. Die getrockneten Tomaten gut ausdrücken und fein hacken. Das gehackte Forellenfilet mit Schalotten, Gurkenwürfeln, Tomaten, Zitronensaft und Gemüsebrühe vermengen, mit etwas Süßstoff, Salz, Pfeffer und Cayennepfeffer würzen und abschmecken. Anschließend 8 Hackbällchen formen,

die bis zum Servieren kalt gestellt werden.

Die Bohnen putzen, in ca. 3 cm lange Stifte schneiden und in wenig sprudelndem Salzwasser al dente kochen. Den Radicchio putzen und lauwarm waschen, damit die Bitterstoffe ein wenig gemildert werden Anschließend in feine Streifen schneiden. Den gekochten Schinken ebenfalls in feine Streifen schneiden. Den Rucola waschen und die Stiele abschneiden. Bohnen, Radicchio, Schinkenstreifchen und Rucola mit dem Dressing marinieren und alles abschmecken.

Die Tomaten waschen, in Scheiben schneiden und diese auf den Tellern anrichten. Den Salat auf die Tomatenscheiben häufeln und pro Teller 2 Hackbällchen anlegen.

> **Tipp** Die Hackbällchen kann man auch gut zart rosa anbraten.

Gebratener Seeteufel »Lotte« mit gezwiebeltem Radicchio

2 feste mittelgroße Radicchioköpfe

1 Kopfsalat

2 mittelgroße Zwiebeln

400 ml Gemüsebrühe

(s. Basisrezept oder Instant-Produkt)

1 Messerspitze Johannisbrotkernmehl

150 ml trockener Rotwein

150 ml Tomatensaft oder Tomatenfond

(s. Basisrezept)

Salz

Pfeffer aus der Mühle

1 Spritzer Süßstoff

100 ml Balsamico-Essig

1,2 kg frischer Seeteufel bzw. Lotte (beim Fischhändler filetieren und parieren lassen)

etwas Zitronensaft

Radicchio und Kopfsalat putzen, die Hälfte des Strunks entfernen und den Radicchio 30–40 Minuten in lauwarmes Wasser einlegen, damit sich die Bitterstoffe lösen.

Die Zwiebeln schälen, in feine Streifen schneiden und überbrühen. Die Gemüsebrühe bei der Zubereitung mit ein wenig Johannisbrotkernmehl abbinden. Rotwein, Tomatensaft, Rotweinessig Gemüsebrühe und die Zwiebelstreifen bei mittlerer Hitze um die Hälfte einkochen lassen. Anschließend mit Salz, Pfeffer, Knoblauch, Süßstoff und Essig abschmecken.

Den Radicchio abtropfen lassen und in einer Pfanne mit etwas Wasser und Süßstoff bei kleiner Hitze ca. 2 Minuten andünsten, bis er zusammenfällt. Den Radicchio in den Rotwein-Sulz einlegen und ziehen lassen.

Das sauber parierte Fischfilet in 3 cm dicke Stücke (»Nüssle«) schneiden, mit Salz, Pfeffer und Zitronensaft würzen und in einer Teflonpfanne oder auf einer Bratfolie bei mittlerer Hitze in 2–3 Minuten langsam braten. Den Radicchio aus dem Sulz nehmen und auf einem Teller anrichten, die Lottenüssle darauf legen und mit dem restlichen Sulz beträufeln.

Gehobelter weißer Spargel mit Bresaola- röllchen

Spargel:

1 kg frischer Spargel (nicht zu dünne Stangen)

Süßstoff

etwas Zitronensaft

100 g frische, feste, kleine Champignons

2 Strauchtomaten

Joghurtdressing oder Gemüsedressing (¹/₂ Menge, s. Basisrezept)

1 Bund Schnittlauch oder Kerbelblätter, gehackt

Bresaolaröllchen:

100 g gekochter Schinken ohne Fett und Zuckerzusatz

1 Knoblauchzehe

150 g Quark, 75 g Joghurt

Salz und Pfeffer aus der Mühle

Cayennepfeffer

400 g Bresaola oder Bündnerfleisch, hauchdünn geschnitten

Den Spargel schälen und in Salzwasser in 12 Minuten kochen. Das Wasser mit etwas Süßstoff und Zitronensaft abschmecken und den Spargel darin erkalten lassen. Anschließend die Spargelstangen der Länge nach in 2–3 mm dicke Scheiben hobeln oder der Länge nach vierteln. Den Spargel auf den Tellern so anrichten, dass jeweils eine Fläche entsteht.

Die Champignons putzen und in Scheiben schneiden. Die Tomaten überbrühen, häuten, die Kerne entfernen und das Fleisch würfeln. Das Dressing

mit den Champignonscheiben, den Tomatenwürfeln und dem Schnittlauch oder Kerbel vermengen. Die Mischung abschmecken und den Spargel gleichmäßig damit benetzen.

Den gekochten Schinken in Würfel schneiden. Den Knoblauch schälen und sehr fein schneiden. Den Quark etwas ausdrücken und mit dem Joghurt, dem Knoblauch, Salz, Pfeffer, Cayennepfeffer, Süßstoff und Zitronensaft verrühren. Die Schinkenwürfel zugeben und das Ganze nochmals mild abschmecken. Die Masse mit einem Teelöffel auf den Bresaolascheiben verteilen, diese einrollen und am inneren Tellerrand der vorbereiteten Teller anrichten.

> **Tipp** Die Bresaola mit etwas Pfeffer aus der Mühle oder rosa Pfeffer garnieren.

Gewickelte Rauchfelchen an Radieschensalat

2 Bund Radieschen

1 mittelgroße Zwiebel

4 Knoblauchzehen

1 Kopfsalat oder Eisbergsalat

1 TL geriebener Meerrettich

Gemüsedressing (s. Basisrezept)

4 geräucherte Felchenfilets ohne Haut

1 große, gerade Zucchini

Salz

Pfeffer aus der Mühle

1 Schale Kresse für die Garnitur

Den Backofen auf 80 °C vorheizen. Die Radieschen putzen und in feine Stifte hobeln. Die Zwiebel schälen, fein schneiden und abbrühen. Die Knoblauchzehen schälen und fein schneiden. Den Kopf- oder Eisbergsalat waschen, putzen und die Blätter in kleinere Stücke zupfen. Radieschen, Zwiebeln, Knoblauch, Salat und Meerrettich vorsichtig mit dem Gemüsedressing beträufeln und vermischen. Nochmals abschmecken.

Die geräucherten Felchenfilets in fingergroße Stücke schneiden. Die gewaschene Zucchini der Länge nach in dünne Scheiben hobeln und kurz überbrühen. Die Felchenstücke in die Zucchiniblätter einwickeln, die Röllchen auf einer Platte anrichten, mit etwas Gemüsebrühe übergießen und im vorgeheizten Ofen leicht erwärmen.

Anschließend mit dem Salat auf den Tellern anrichten und mit Kresse bestreuen.

> **Tipp** Die Felchenpäckchen können auch auf einer Bratfolie gebraten werden.

Grüner Spargel »rosso« mit Lachsschinken

1 kg frischer, dünner, grüner Spargel

1 kleiner Kopf Eisbergsalat

600 g Lachsschinken (in 2 mm dicke Scheiben geschnitten)

Tomatendressing (s. Basisrezept, mit Johannisbrotkernmehl etwas stärker gebunden)

Salz

Pfeffer aus der Mühle

1 Bund Estragon oder Basilikum, gezupft

Den Spargel waschen, die holzigen Enden entfernen und, falls nötig, festere Haut abschälen. In sprudelndem Salzwasser in ca. 15 Minuten bissfest garen, in kaltem Wasser abschrecken und die Stangen quer halbieren.

Den Salatkopf waschen und putzen. Den Spargel und etwas Eisbergsalat in die Lachsschinkenblättchen einwickeln und auf Tellern anrichten.

Das Tomatendressing über den Spargel und den Salat träufeln, mit Salz und Pfeffer würzen und mit gezupftem Estragon dekorieren.

Lauwarme, marinierte Jakobsmuscheln mit Lauchsalat »Curries«

1 kleine Zwiebel

1 Knoblauchzehe

1 kleine Fenchelknolle

1 Tomate

1 EL Koriander, gemahlen oder

zerdrückt

1 EL frischer geriebener Ingwer

1 TL Curry

1 Lorbeerblatt

2 cl Wermut (z.B. Noilly Prat oder

Martini extra dry)

500 ml Gemüsefond (s. Basisrezept oder

Instant-Produkt)

Saft von 1 Zitrone

weißer Essig

Salz

Pfeffer aus der Mühle

etwas Süßstoff

125 g Joghurt

1 mittelgroße Stange Lauch

15–20 Jakobsmuscheln ohne Rogensack

1 Bund Schnittlauch, gehackt

Den Backofen auf 220 °C vorheizen. Die Zwiebel schälen und fein schneiden. Den Knoblauch schälen und pressen. Die Fenchelknolle waschen, putzen und fein schneiden. Die Tomate waschen und würfeln.

Zwiebel, Knoblauch, Fenchel, Tomate, Koriander, Ingwer, Curry und Lorbeer in Wermut andünsten. Den Gemüsefond zufügen und das Ganze kochen, bis alle Zutaten weich sind. Die fertige Gemüsebrühe durch ein Sieb passieren

und mit Zitronensaft, Salz, Pfeffer, Süßstoff, Essig und Joghurt aufrühren und abschmecken.

Die Lauchstange halbieren, von den äußeren Blättern befreien, sauber waschen, fein schneiden und in wenig Salzwasser knackig kochen. Abtropfen, kurz abkühlen lassen, mit $1/3$ der Marinade benetzen und beiseite stellen.

Das Jakobsmuschelfleisch in 5 mm dicke Scheiben schneiden und auf einer feuerfesten Platte auslegen. Die Jakobsmuscheln im vorgeheizten Ofen 3–4 Minuten erwärmen, anschließend mit der Marinade benetzen und zum Schluss mit Schnittlauch, etwas weißem Essig und dem Lauchsalat umranden.

> **Tipp** Curry und Schnittlauch können auch durch Trüffelpaste und Trüffel ersetzt werden.

Gurkennudeln mit Schinkentüten

2 Salatgurken

1 Zwiebel

2 Knoblauchzehen

Saft von 1 Zitrone

300 g Joghurt

Salz

Pfeffer aus der Mühle

Cayennepfeffer

etwas Süßstoff

2 Bund Schnittlauch, in feine Röllchen geschnitten

250 g gekochter Schinken, hauchdünn geschnitten

1 Kopfsalat

Schnittlauch und 1 Tomate, in feine Scheiben geschnitten, zum Garnieren

Die Gurken schälen, der Länge nach halbieren, entkernen und die entkernten Hälften der Länge nach in Streifen hobeln. Die Zwiebel und den Knoblauch schälen. Die Zwiebel heiß abwaschen und fein schneiden. Den Knoblauch pressen. Knoblauch, Zwiebeln, Zitronensaft und Joghurt verrühren und kurz aufmixen. Anschließend mit Salz, Pfeffer, Cayennepfeffer, Süßstoff und Schnittlauch würzen. Die Gurkenscheiben mit dem Dressing übergießen und mindestens 15 Minuten ziehen lassen. Unterdessen aus den Schinkenscheiben Tütchen formen und den Salat waschen, putzen und auf tiefen Tellern anrichten. Die marinierten Gurken mit einer Spaghettizange auf dem Kopfsalat platzieren. Das restliche Dressing aufmixen, den Salat damit benetzen und mit den Schinkentütchen dekorieren. Mit Schnittlauch und dünnen Tomatenscheiben garnieren.

Kopfsalat »Mimosa« mit gebratener Piccata

2 Eier

1 kleine Salatgurke

2 Tomaten

Salz

Pfeffer aus der Mühle

etwas Zitronensaft

2 mittelgroße Kopfsalate

Joghurtdressing mit etwas Meerrettich

(s. Basisrezept, doppelte Menge)

Saft von 1 Zitrone

1 Prise Paprikapulver

1 Bund glatte Petersilie, gehackt

600 g kleine Kalbfleischplätzchen (Lende, Rücken oder Oberschale), 4 x 5 Stück à 30 g

etwas Johannisbrotkernmehl

1 Eiweiß

etwas Kondensmilch

Den Backofen auf 250 °C vorheizen.

Die Eier hart kochen, abschrecken, abkühlen lassen und Eiweiß und Eigelb voneinander trennen. Das Eiweiß fein hacken, das Eigelb wird nicht weiter benötigt.

Die Gurke und die Tomaten waschen und in dünne Scheiben schneiden. Den Rand der Teller abwechselnd mit den Tomaten- und Gurkenscheiben auslegen und diese mit Salz, Pfeffer und Zitronensaft würzen. Die Salatköpfe waschen, putzen und die hellen von den dunkelgrünen Blättern trennen.

Das vorbereitete Joghurtdressing mit Meerrettich und Zitronensaft abschmecken.

Die hellen Salatblätter mit 2/3 des Dressings und etwas Paprikapulver marinieren und in der Mitte der Teller als Bouquet platzieren. Die dunklen Salatblätter fein schneiden, mit dem gekochten, gehackten Eiweiß und einem Teil der Petersilie mischen, würzen, mit dem restlichen Dressing vermengen und über das Bouquet streuen.

Das Kalbfleisch entweder beim Metzger in 16 Plätzchen à 40 g (oder 20 Plätzchen à 30 g) schneiden lassen oder

selbst schneiden. Das Fleisch mit Salz und Pfeffer würzen, in Johannisbrotkernmehl wenden und etwas abklopfen. Das rohe Eiweiß leicht aufschlagen, mit etwas Kondensmilch und dem Rest der Petersilie mischen. Das Fleisch darin wenden und in einer Teflonpfanne anbraten oder auf einem mit Backpapier ausgelegten Backblech im vorgeheizten Ofen auf der obersten Schiene 3 Minuten garen. Anschließend die Piccata zu den Tomaten- und Gurkenscheiben garnieren.

> **Tipp** Die Piccata schmeckt auch sehr gut, wenn man sie mit etwas Knoblauch mariniert.

Gurkenblätter mit Tomaten und Schinkentüten

Kräuterdressing (s. Basisrezept)

1 große Salatgurke

4 reife Strauchtomaten

1 milde Chilischote oder 1 kleine rote

Paprikaschote

Pfeffer aus der Mühle

Salz

Saft von 1 Zitrone

etwas Süßstoff

2 Bund Schnittlauch, fein geschnitten

2 EL Kapern

1 Schale Kresse

600 g gekochter Schinken (ohne Fett, vom Metzger in hauchdünne Scheiben geschnitten)

weißer Pfeffer

Die Gurke schälen und in dünne Scheiben hobeln. Die gewaschenen Tomaten ebenfalls in feine Scheiben schneiden. Die Chilischote oder die rote Paprikaschote putzen, die Kerne entfernen und das Fruchtfleisch in Streifen schneiden. Die Gurken- und Tomatenscheiben gleichmäßig nebeneinander auf den Tellern ausbreiten. Mit Pfeffer, Salz, Zitronensaft und Süßstoff benetzen und mit Schnittlauch, Chili- bzw. Paprikastreifen, Kapern und Kresse dekorativ bestreuen. Die Teller mit dem Dressing beträufeln.

Aus den Schinkenscheiben Tütchen formen, diese jeweils am Tellerrand anlegen und das Ganze mit weißem Pfeffer bestreuen.

> **Tipp** So macht man Schinkentütchen: Die hauchdünnen Schinkenscheiben erst zur Hälfte falten und dann zum Tütchen rollen.

Roastbeef vom Reh an Steinpilzremoulade

600 g Rehkeule oder Rehrücken

ausgelöstes Fleisch)

Salz und Pfeffer aus der Mühle

Muskat

ein paar gestoßene Wacholderbeeren

1 Zweig Thymian

1 Zweig Rosmarin

400 g Steinpilze (frisch oder tiefgekühlt)

2 Schalotten

2 Knoblauchzehen

250 ml Milch

1 EL Quark

1 Bund Schnittlauch, fein gehackt

Saft von ½ Zitrone

etwas Johannisbrotkernmehl

Den Backofen auf 220 °C vorheizen. Das Rehfleisch mit den Gewürzen auf einer Bratfolie oder in der Teflonpfanne anbraten und anschließend im Ofen fertig garen (Empfehlung: medium ca. 5 Minuten; Rehrückenstrang/ Keule je nach Dicke 15–18 Minuten). Das Fleisch abgedeckt ruhen und abkühlen lassen. Anschließend feinblättrig schneiden und auf einer Platte anrichten.

Die Steinpilze putzen und in grobe Stücke schneiden. Die Schalotten schälen, fein würfeln und überbrühen. Die Knoblauchzehen schälen und fein schneiden. Die Pilzstücke in einer Teflonpfanne kurz anbraten. Schalotten, Knoblauch und Milch zufügen und abschmecken. Das Ganze 8–10 Minuten köcheln lassen, bis sich die Flüssigkeit etwa auf die Hälfte reduziert hat. Die Pilze aus dem Sud nehmen, evtl. mit etwas Johannisbrotkernmehl abbinden, grob hacken, wieder zurück in die Pfanne geben und alles glattrühren. Nun den Quark und den Schnittlauch hinzufügen. Die Mischung soll nicht mehr kochen! Mit Zitronensaft, Salz und Pfeffer abschmecken.

Das vorbereitete Fleisch mit der Pilz-Remoulade übergießen und mit etwas Meersalz und Pfeffer würzen.

> **Tipp** Das Fleisch mit den gemischten Gewürzen (Salz, Pfeffer, Thymian, Rosmarin, Wacholderbeeren) vor dem Bratvorgang marinieren.

Schneckensalat mit roten Schalotten und Feldsalat

400 g Feldsalat

Joghurtdressing oder Tomatendressing

(s. Basisrezept)

36 große Weinbergschnecken aus der Dose

8 Knoblauchzehen

250 ml Rotwein

1 Lorbeerblatt

1 Nelke

1 Thymianzweig

Salz, Pfeffer aus der Mühle

etwas Johannisbrotkernmehl

1 Zucchini

1 Tomate

5 Schalotten

Den Salat putzen, waschen und trockenschleudern.

Das Dressing zubereiten und beides beiseite stellen.

Die Schnecken abgießen und dabei den Fond auffangen. Die Knoblauchzehen schälen und fein schneiden. Die Schnecken mit Knoblauch, Salz und Pfeffer würzen. Die Schalotten schälen, in feine Streifen schneiden und mit dem Rotwein und den oben genannten Gewürzen weich kochen. Unterdessen den Schneckenfond erhitzen, leicht mit Johannisbrotkernmehl abbinden und kräftig abschmecken.

Die Zucchini waschen und in dünne Scheiben schneiden. Die Tomate waschen und fein würfeln. Die Schalotten schälen und in feine Streifen schneiden.

Die Schnecken mit den Zucchinischeiben auf den Tellerrändern anrichten und mit dem Schalottenconfit überziehen.

Den Feldsalat mit dem Dressing mischen und ebenfalls auf den Tellern platzieren.

Tipp Eine besondere Note bekommen die Schnecken, wenn man zusätzlich Pesto über das Schneckenfleisch verteilt (siehe »Carpaccio vom Rind mit Pesto«, Seite 32).

Provenzialischer Gemüsesalat mit gebratenen Seeteufelbäckchen

100 g Zucchini

1 rote Paprika

2 Fleischtomaten

1 Schalotte

$\frac{1}{2}$ Knoblauchzehe

1 kleiner Zweig Rosmarin

Salz

Pfeffer aus der Mühle

8 Basilikumblätter

1 EL Balsamico-Essig

360 g Seeteufelbäckchen oder -filets

Saft von $\frac{1}{2}$ Zitrone

frische Kräuter zum Garnieren

Das Gemüse waschen und putzen. Die Paprika mit dem Sparschäler häuten, die Tomaten blanchieren, in Eiswasser abschrecken und ebenfalls häuten. Schalotte und Knoblauch schälen und hacken. Die Rosmarinnadeln kleinschneiden. Zucchini, Paprika und Tomaten getrennt in mundgerechte Würfel schneiden. In einer Pfanne Paprika, Schalotten und Zucchiniwürfel ohne Fett kurz andünsten. Die Tomatenwürfel, den Knoblauch und den gehackten Rosmarin dazugeben. Mit Salz und Pfeffer abschmecken.

Die Flüssigkeit verdampfen lassen, die Pfanne vom Herd nehmen und die Mischung erkalten lassen.

Die Basilikumblätter waschen, in feine Streifen schneiden und unter das Gemüse geben. Den Balsamico-Essig unterheben und nach Geschmack eventuell nochmals mit Salz und Pfeffer würzen.

Den Seeteufel oder das Seeteufelfilet unter fließendem Wasser abspülen, trocken tupfen und in einer Teflonpfanne von beiden Seiten braten und mit Zitronensaft, Salz und Pfeffer würzen.

Den Salat auf den Tellern anrichten. Den Fisch hübsch anlegen und mit frischen Kräutern garnieren.

Tipp Besonders dekorativ lässt sich der Salat mit einem Ausstechring anrichten: Den Ring von etwa 8 cm Durchmesser auf einen Teller legen, mit dem Salat füllen und vorsichtig abheben.

47

Tafelspitzsülze an Kräuter-Gemüse-Remoulade

1,5 l milde Gemüsebrühe (s. Basisrezept, oder Instant-Brühe)

1 kg Tafelspitz, roh (ergibt ca. 600 g gekochten Tafelspitz)

1 Lorbeerblatt

1 Nelken

3 mittelgroße Karotten

½ kleine Sellerieknolle

1 große Stange Lauch

1 Zwiebel

10 Blatt Gelatine

Kräuterdressing (s. Basisrezept)

1 EL frisch geriebener Meerrettich

Salz

Pfeffer aus der Mühle

etwas Muskat

Die Gemüsebrühe aufkochen, den Tafelspitz im Ganzen einlegen, Lorbeerblatt und Nelke zugeben und das Fleisch ca. 1 ½ Std. am Siedepunkt (95 °C) ziehen lassen.

Die Karotten schälen, den Sellerie schälen und halbieren, den Lauch halbieren und waschen. Die ungeschälte Zwiebel kalt abwaschen, abtrocknen, halbieren und in der Pfanne trocken bräunen. Karotte, Sellerie, Lauch und Zwiebel zum Fleisch in die Brühe geben und alles nochmals ca. 45 Minuten ziehen lassen. Wenn das Fleisch weich ist (Gabeltest: hineinstechen und drehen) herausnehmen und abgedeckt abkühlen lassen. Anschließend das Fleisch zunächst in Scheiben und dann in 5 mm breite Streifen schneiden. Eine Terrine von etwa 1,5 l Inhalt mit Frischhaltefolie auskleiden und das Fleisch in die Form legen.

Für das Gelee die Gelatineblätter in kaltem Wasser quellen lassen (siehe Herstellerangabe). 600 ml der Fleischbrühe kräftig abschmecken und nochmals erhitzen. Die eingeweichte Gelatine etwas ausdrücken, in die heiße Brühe einrühren und die Brühe in die mit Rindfleisch gefüllte Form geben. Das Ganze im Kühlschrank am besten über Nacht fest werden lassen.

Für die Remoulade das Kräuterdressing zubereiten, die gekochten Gemüse passieren oder mit dem Pürierstab aufmixen, unter das eingedickte Kräuterdressing mischen und mit dem Meerrettich abschmecken. Die gut gekühlte Sülze stürzen, mit einem scharfen Messer oder einem Elektromesser in Scheiben schneiden, anrichten und mit der Remoulade servieren.

> **Tipp** Wenn man 3 Blatt Gelatine weniger verwendet, kann die Sülze auch direkt aus der Schüssel serviert werden. Wenn man die Sülze stürzen möchte, empfiehlt es sich, die Sülze am Vorabend vorzubereiten, damit sie ausreichend lange im Kühlschrank fest werden kann.

Türmchen von Eiertomaten und Hüttenkäse

4 große reife Eiertomaten (ersatzweise Fleischtomaten)

120 g grober Rucola

1 Zweig Thymian

1 Schalotte

8 Basilikumblätter

3 EL Balsamico-Essig

Süßstoff

Salz

Pfeffer aus der Mühle

400 g Hüttenkäse

Die Eiertomaten blanchieren, in Eiswasser abschrecken, häuten und in ¹/₂ cm dicke Scheiben schneiden.

Den Rucola putzen und waschen. Den Thymian zupfen, die Schalotte schälen und hacken und die Basilikumblätter in feine Streifen schneiden.

Aus Balsamico-Essig, Süßstoff, Salz, Pfeffer, Thymian, den Basilikumblättern und der gehackten Schalotte eine Vinaigrette herstellen und nach Belieben etwas Wasser zugeben.

Die Rucolablätter sternförmig auf 4 Tellern anrichten. Die Tomatenscheiben und den Hüttenkäse abwechselnd zu Türmchen aufschichten und je eines in die Salatmitte platzieren. Die Vinaigrette über die Tomatentürmchen und den Rucola träufeln und diese mit frischen Kräutern garnieren.

Tatar vom Rind mit Rote Bete auf Blattspinat

350 ml Gemüsedressing, mit etwas

Johannisbrotkernmehl gebunden

(s. Basisrezept)

3 große Zwiebeln

100 g Essiggurke

500 g mageres Rindfleisch (vom Metzger sehr fein durch den Fleischwolf gedreht)

1 TL Tomatenmark

¹/₂ TL Paprikapulver

1 Spritzer Cognac

1 Spritzer Süßstoff

40 ml weißer Balsamico-Essig

1 TL Löwensenf extra oder Dijon-Senf natur

1 EL Kapern, nach Belieben gehackt oder ganze Früchte

Salz und Pfeffer aus der Mühle

Cayennepfeffer

2 Eier

150 g frischer Spinat oder Feldsalat

400 g gekochte Rote Bete (ohne Zucker!)

2 gekochte Eiweiß

100 g Zwiebelwürfel

1 Bund Schnittlauch oder frischer Estragon, fein geschnitten

Das Gemüsedressing zubereiten und beiseite stellen.

Die Zwiebeln schälen, sehr fein schneiden und überbrühen. Die Essiggurken fein würfeln. Das Rindfleisch mit der Hälfte der Zwiebeln, Essiggurkenwürfeln, Tomatenmark, Paprikapulver, 100 ml des Gemüsedressings, Cognac, Süßstoff, weißem Balsamico-Essig, Senf, Kapern und Gewürzen gut durchmengen und abschmecken. Aus dem Tatar 4 Steaks formen und diese bis zum Servieren kalt stellen.

Die Eier hart kochen, abschrecken und abkühlen lassen. Anschließend schälen und nur das Eiweiß fein hacken (das Eigelb wird nicht benötigt). Spinat oder Feldsalat putzen, waschen, in Streifen schneiden, mit etwas Gemüsedressing marinieren und am Rand der verwendeten Teller verteilen.

Die Rote Bete in Scheiben oder Streifen schneiden, mit den restlichen Zwiebeln, gehacktem Eiweiß, Schnittlauch oder Estragon und dem restlichen Gemüsedressing vermengen und auf den Tellern anrichten. Das Tatar in der Mitte der Teller platzieren und servieren.

Kalifornischer Salat mit Himbeerdressing

2 Karotten mit Grün

4 Stangen grüner Spargel

$^1/_2$ Stangensellerie

200 g grüne Bohnen

200 g Blumenkohl oder Kohlrabi

300 g frische Ananas

300 g gemischte frische Beeren

300 g Mesclain Salat

4 Radieschen

Gartenkresse

Dressing:

200 g Himbeeren (frisch oder tiefgekühlt)

4 EL Himbeeressig

150 g Joghurt

Salz

Pfeffer aus der Mühle

Süßstoff nach Belieben

Karotten, Spargel, Stangensellerie, Bohnen und Blumenkohl bzw. Kohlrabi putzen, in mundgerechte Stücke schneiden und in leicht gesalzenem, kochendem Wasser garen.

Die Ananas schälen, schwarze Punkte entfernen und in dünne Scheiben schneiden. Die Scheiben vierteln und in einer Teflonpfanne ohne Fett bräunen. Die Beeren putzen, je nach Sorte und Größe eventuell halbieren.

Den Salat waschen und abtropfen lassen. Die Radieschen für die Garnitur in feine Scheiben schneiden.

Das gegarte Gemüse und den Salat in einer Schüssel behutsam mit dem Dressing vermengen und auf 4 Tellern anrichten. Mit Radieschenscheiben, Ananas, Beeren und Gartenkresse garnieren.

Für das Dressing die Himbeeren mit der Gabel zerdrücken. Den Essig und das Himbeerpüree mit dem Joghurt vermengen und mit Salz, Pfeffer und Süßstoff abschmecken.

> **Tipp** Der Salat passt auch hervorragend zu gebratenen Garnelen oder Edelfischen.

Blattsalate mit Kretzerfilets

100 ml Gemüsebrühe (s. Basisrezept oder Instant-Brühe)

$^1/_2$ TL Johannisbrotkernmehl

1 Schalotte

100 ml milder Balsamico-Essig

Salz

Pfeffer aus der Mühle

Süßstoff

4 kleine Köpfe Blattsalat (gemischt vom Markt nach Angebot)

400 g Kretzerfilets

Die Gemüsebrühe aufkochen und mit dem Johannisbrotkernmehl abbinden. Die Flüssigkeit anschließend abkühlen lassen.

Die Schalotte schälen und hacken. Mit Balsamico und Gemüsebrühe zu einem Dressing verrühren und anschließend mit Salz, Pfeffer und Süßstoff abschmecken.

Den Salat putzen und waschen und in einer großen Schüssel mit dem Dressing vermengen. Den Salat auf 4 Tellern anrichten.

Die Kretzerfilets salzen, pfeffern und auf Bratfolie braten. Den Fisch neben dem Salat platzieren und servieren.

Fenchel-Papaya-Salat mit Crevetten

1 große Fenchelknolle

1 große reife Papaya

500 g Crevetten (in der Lake oder tiefgefroren)

etwas Weißwein

Asia Curry-Ingwer-Dressing (s. Basisrezept, 1 $^1/_2$-fache Menge)

1 TL rosa Pfeffer aus der Mühle

Die Fenchelknolle halbieren, den Strunk entfernen, die Hälften dünn hobeln und auf einem Teller ausbreiten. Die Papaya großzügig schälen, halbieren, mit einem Löffel aushöhlen, der Länge nach vierteln und in dünne Scheiben schneiden. Die Papaya auf dem Fenchel verteilen.

Die Crevetten in der Teflonpfanne anbraten, mit etwas Weißwein ablöschen und ebenfalls auf dem Teller anrichten. Den ganzen Teller gleichmäßig mit dem Asia-Curry-Ingwer-Dressing benetzen und mit Pfeffer bestreuen.

> **Tipp** Den Fenchel kann man auch in Salzwasser blanchieren, abschrecken und abtrocknen.

Suppen und Eintöpfe

Bodensee-Gazpacho »Kalte Suppe«

500 g mageres Rindfleisch

2 EL Instant-Gemüsebrühe

2 Tomaten

1 kleine Gurke

1 rote Paprikaschote

1 mittelgroße Zwiebel

2 Knoblauchzehen, zerdrückt

1 EL frischer Ingwer, kleingehackt

80 ml Essig

150 g Joghurt

80 ml trockener Rotwein

1 TL Tomatenmark

je 1 Bund Basilikum und Schnittlauch als Garnitur

4 Scheiben Vollkornknäckebrot, zerkleinert als Garnitur

125 ml Milch

Das Rindfleisch waschen. 1 l Wasser mit 2 EL Instant-Gemüsebrühe zum Kochen bringen. Das Fleisch in die kochende Brühe geben und auf kleiner Hitze ca. 1 Stunde köcheln lassen, bis das Fleisch gar ist. Das Fleisch aus der Brühe nehmen und abkühlen lassen.

Die Tomaten vierteln und die Kerne entfernen. Die Gurke schälen, längs vierteln und in Würfel schneiden. Die Paprikaschote vierteln, das Kerngehäuse entfernen und die Paprikaviertel würfeln. Die Zwiebel schälen, in feine Scheiben schneiden und mit wenig Wasser überbrühen. Die Knoblauchzehen schälen und zerdrücken. Den Ingwer schälen und in feine Würfel schneiden. Tomaten, Gurke, Paprika, Zwiebel, Knoblauch,

Essig, Joghurt, Rotwein, Tomatenmark und Ingwer im Mixer oder mit einem Pürierstab zu einer sämigen Suppe verarbeiten und anschließend nicht zu vorsichtig mit Salz und Pfeffer abschmecken – der Gazpacho soll pikant sein und Pfiff haben.

Die Suppe in eine geeiste Suppenschüssel füllen. Das gekochte Rindfleisch in Blättchen oder Würfel schneiden und dazugeben. In einem kleinen Topf mit dem Schneebesen oder einem Milchschäumer etwas Milch aufschäumen, das Vollkornknäckebrot zum Dekorieren in mittelgroße Stücke brechen und den Gazpacho mit Basilikum, Schnittlauch, Milchschaum und dem Knäckebrot garnieren.

Diese Suppe sollte ganz frisch bereitet werden.

> **Tipp** Das Rindfleisch lässt sich gut vorbereiten.

Sauerkrautsüpple mit Zanderhack

1 kleine Zwiebel

1 Knoblauchzehe, kleingehackt

1 kleiner Apfel (vorzugsweise Granny Smith)

150 g Sauerkraut aus der Dose (zuckerfrei)

500 ml Milch

1 TL Senf, 1 Lorbeerblatt

1 Nelke

Salz und Pfeffer aus der Mühle

Süßstoff

400 ml Sauerkrautsaft

etwas Johannisbrotkernmehl

150 g Zanderfilet ohne Haut und Gräten

4 Scheiben Vollkornbrot

1 TL frischer oder getrockneter Majoran

60 ml Kondensmilch

1 TL Zitronensaft

Die Zwiebel schälen, in Würfel schneiden und überbrühen. Den Knoblauch schälen und pressen. Den Apfel schälen, entkernen und reiben. Die Zwiebel, den

Knoblauch und den geriebenen Apfel in der Teflonpfanne andünsten. Das Sauerkraut lauwarm waschen, gut ausdrücken und in einem flachen Topf erwärmen. Das Sauerkraut mit der Zwiebelschmelze vermischen und die Milch angießen. Senf, Lorbeerblatt, Nelke, Salz und Pfeffer sowie nach Geschmack etwas Süßstoff zugeben und die Suppe 20 Minuten kochen lassen und nach und nach mit dem Sauerkrautsaft aufgießen.

Den Ofen auf 200 °C vorheizen. Das Zanderfilet mit einem scharfen Messer fein hacken. Das Vollkornbrot in kleine Stücke zupfen und den nach Möglichkeit frischen Majoran fein hacken. Das Brot mit dem Zander, der Kondensmilch, Majoran und etwas Salz und Pfeffer verkneten und vier gleichgroße Küchlein formen. Diese im vorgeheizten Ofen auf dem mit Backpapier ausgelegten Blech 12 Minuten backen.

Die fertige Krautsuppe mit Johannisbrotkernmehl leicht binden, mit dem Stabmixer gut vermengen und mit Salz, Pfeffer und Zitronensaft nochmals abschmecken. Küchlein und Suppe auf den vorgewärmten Suppentellern anrichten und servieren.

Geräuchertes Bachforellensüpple mit Zucchini

4 Felchenfilets (vom Fischhändler
filetieren lassen, Haut und Flossen
für den Sud verwenden)

1 kleine Zwiebel

1 Knoblauchzehe

250 ml Weißwein

800 ml Milch

Salz

Pfeffer aus der Mühle

1 TL Zitronensaft

2 Nelken

1 großes Lorbeerblatt

1 kleine Zucchini

1 große Tomate

1 Messerspitze Johannisbrotkernmehl

Kresse oder andere frische Kräuter zum
Garnieren

Die Fischfilets trocken in einer Teflonpfanne oder auf Bratpapier ca. 10 Minuten garen. Nach Geschmack mit Salz
und Pfeffer würzen.

Die Zwiebel schälen, in feine Würfel
schneiden und abbrühen. Den Knoblauch schälen und pressen. Die Zwiebelwürfel und den Knoblauch mit der
Haut und den Flossen der Felchen anbraten, mit Weißwein ablöschen und
etwas einkochen lassen. Den Sud mit
der Milch angießen, mit Salz, Pfeffer, Zitronensaft, Nelken und dem Lorbeerblatt würzen und unter Rühren 10 Minuten köcheln lassen.

Die Zucchini unterdessen in feine Streifen hobeln. Die Tomate am Stieleinsatz

kreuzweise einschneiden, überbrühen,
kalt abschrecken, häuten und in dünne
Scheiben schneiden. Die Suppenteller
vorwärmen, sodass sie sehr heiß sind.
Die Felchenfilets in grobe Stücke zupfen
und zusammen mit den Zucchinistäb-
chen und den Tomatenscheiben auf
den heißen Tellern arrangieren.
Felchenhaut und -flossen aus der Flüssigkeit nehmen, die Suppe mit dem
Johannisbrotkernmehl binden, nochmals abschmecken und mit dem Pürierstab aufmixen. Die Suppe dann sehr
heiß in die Teller füllen und mit Kresse
oder anderen frischen Kräutern verzie-
ren.

> **Tipp** Falls Felchenhaut und -flossen
> nicht vorhanden sind, kann man den
> Sud auch mit 1 TL fettfreier Fischpaste
> verfeinern.

Zwiebelsüpple mit Kalbszüngle

6 mittelgroße Zwiebeln

4 Knoblauchzehen

125 ml Weißwein

750 ml Gemüsebrühe

1 Zweig Majoran

2 Lorbeerblätter

1 Messerspitze Johannisbrotkernmehl

Salz und Pfeffer aus der Mühle

250–300 g fettfreie Kalbszunge
(vorgekocht und vom Metzger in
 3 mm dicke Scheiben geschnitten)

120 ml Milch

etwas Schnittlauch

1 Spritzer Sojasauce

Den Backofen auf Oberhitze einstellen
und auf 100 °C vorheizen.
Die Zwiebeln schälen, halbieren und in
2 mm dicke Scheiben hobeln. Den
Knoblauch schälen und in feine Stifte
schneiden. Die Zwiebeln bei kleiner bis
mittlerer Hitze in der Teflonpfanne anbraten, den Knoblauch dazugeben und
mittelbraun braten. Mit Weißwein ablöschen und die Brühe angießen. Gehackten Majoran und Lorbeerblätter
dazugeben. Alles 10–12 Minuten köcheln lassen. Die Suppe mit dem Johannisbrotkernmehl zu einer öligen
Konsistenz binden und nochmals herz-
haft mit Salz und Pfeffer abschmecken.
Während die Suppe köchelt, die vorge-
kochte Kalbszunge in Rauten oder
Blättchen schneiden und in die Teller
oder eine Terrine füllen. Die Suppe auf
das Fleisch geben. Die Milch aufschäumen, den Milchschaum auf die Suppe
setzen und im vorgeheizten Ofen leicht
bräunen.

> **Tipp** Nach Geschmack die Suppe mit
> Schnittlauch und Sojasauce abrunden.

Lauch-Apfel-Süpple mit Geflügelpflanzerl und Estragon

Suppe:

1 mittelgroße Zwiebel

2 kleine Stangen Lauch

½ Knolle Sellerie

2 kleine saure Äpfel (z.B. Granny Smith)

125 ml trockener Weißwein

Salz

Pfeffer aus der Mühle

Saft von ½ Zitrone (unbehandelt)

750 ml Milch

Johannisbrotkernmehl (1 Messerspitze)

etwas Süßstoff

1 Bund Schnittlauch, gehackt

Pflanzerl:

300 g Geflügelbrust ohne Haut und

Knochen (vom Metzger fein gehackt)

100 ml Kondensmilch

Salz

Cayennepfeffer

etwas Zitronensaft

1 EL Estragon, grob geschnitten

2 EL Basilikumstreifen

Die Zwiebel schälen und fein würfeln. Den Lauch halbieren, waschen und in Streifen schneiden. Den Sellerie schälen und reiben. Die Äpfel waschen, reiben und mit Zitronensaft beträufeln. Die Zwiebel in einer großen Teflonpfanne 10 Minuten andünsten. Lauch, Sellerie und Weißwein hinzugeben und mit Salz und Pfeffer abschmecken. Die geriebenen Äpfel mit dem Zitronensaft hinzugeben und weitere 10 Minuten dünsten lassen. Die Milch zufügen, alles aufkochen lassen und abschmecken.

Während die Suppe köchelt, das fein gehackte Geflügelfleisch würzen und mit der Kondensmilch, Salz, Cayennepfeffer, Zitronensaft und dem Estragon zu einer geschmeidigen Masse verarbeiten. Mit nassen Händen ca. 20 Küchlein formen.

Die Geflügelküchlein in der Suppe 10 Minuten gar ziehen lassen, herausnehmen und abgedeckt warm halten. Die Suppe fein pürieren und gegebenenfalls mit 1 Messerspitze in Wasser aufgelöstem Johannisbrotkernmehl abbinden.

Alles abschmecken und evtl. nochmals glatt mixen.

Die Suppe in vorgewärmten Tellern oder einer Suppenschüssel mit den Pflanzerl und dem Schnittlauch anrichten und servieren.

Bohneneintopf mit Kasseler

500 g grüne Bohnen

2–3 mittelgroße Zwiebeln

4 Knoblauchzehen

1 kleine Sellerieknolle oder Staudensellerie

600 g mageres Kasseler am Stück

2 frische, rote Chilischoten

1 l Gemüsebrühe, (s. Basisrezept oder

Instantprodukt)

1 Bund Majoran oder Bohnenkraut

1 Lorbeerblatt

Salz

Pfeffer aus der Mühle

etwas Muskat

Die Bohnen putzen, waschen und in ca. 2 cm lange schräge Stücke schneiden. Die Zwiebeln schälen, halbieren und in 2 mm breite Streifen hobeln. Den Knoblauch schälen und in feine Stifte schneiden. Den Sellerie putzen und in 1 cm große Stücke schneiden. Das Kasseler gründlich vom Fett befreien und das Fleisch in 1,5 cm große Würfel schneiden. Die Chilischoten halbieren, entkernen, waschen und sehr fein schneiden.

Zwiebeln, Knoblauch und Sellerie mit etwas Brühe andünsten. Fleischwürfel, Bohnen und Chilischote zugeben und mit Brühe auffüllen. Kurz ankochen lassen, dann gehackten Majoran oder Bohnenkraut und das Lorbeerblatt zugeben und nicht zu kräftig würzen. Etwa 25–30 Minuten bei geringer Hitze leicht ziehen lassen, bis das Fleisch und die Bohnen gar sind.

Spargelschaum-süpple mit Schinkenklößchen

Suppe:

400 g weißer Spargel

Salz

Süßstoff

1/2 Knoblauchzehe

Saft von 1/2 Zitrone

200 ml trockener Weißwein

1–2 Lorbeerblätter

2 Zwiebeln

150 ml Kondensmilch

1 Messerspitze Johannisbrotkernmehl

Schinkenklößchen:

3 Eiweiß

250 g gekochter Schinken ohne Fett

Pfeffer aus der Mühle

etwas Zitrone

1 Eiswürfel

150 g Quark, gut abgetropft und ausgedrückt

100 g Joghurt

Salz

Muskat

Süßstoff

Garnitur:

1 abgezogene, entkernte Tomate in Würfelchen

200 ml Milch zum Aufschäumen

etwas Schnittlauch, gehackt

Für die Suppe den Spargel schälen. Die Spargelstangen und die Spargelschalen in einen Topf geben und mit Wasser bedecken. Alles mit Salz und Süßstoff, dem geschälten Knoblauch, Zitronensaft und Weißwein zum Kochen bringen. Bei mittlerer Temperatur 2–3 Minuten ziehen lassen.

Die Spargelschalen entfernen und den geschälten Spargel im Sud mit dem Lorbeer 18–20 Minuten zart weiterköcheln lassen. Den Spargel herausnehmen, in kleinere Stücke schneiden und abdecken.

Während der Spargel zieht, die Zwiebeln schälen und fein würfeln. Das Lorbeerblatt entfernen. Den Fond mit den Zwiebeln, der Kondensmilch und dem Johannisbrotkernmehl verrühren, 10 Minuten köcheln lassen, anschließend aufmixen und in Teller gießen.

Für die Klößchen reichlich Salzwasser zum Kochen bringen und 2 Eiweiß sehr steif schlagen.

Den gekochten Schinken grob würfeln und mit 1 klaren Eiweiß, etwas Pfeffer, etwas Zitrone und einem Eiswürfel mit dem Zauberstab oder in einem Mixer sehr fein pürieren. Den Quark und den Joghurt unterheben und mit Salz, Pfeffer, Muskat und nach Belieben mit Süßstoff abschmecken. Zum Schluss den steif geschlagenen Eischnee unterziehen.

Mit einem feuchten Teelöffel Klößchen abstechen und im Salzwasser sieden lassen. Die Klößchen sind nach ca. 4 Minuten gar. Wenn sie an der Oberfläche schwimmen, mit dem Schaumlöffel herausnehmen und auf den Tellern anrichten.

Den geschnittenen Spargel und die Tomatenwürfel ebenfalls auf die Teller platzieren. Die Suppe abschmecken und auf die Teller verteilen. Die Garnitur mit etwas aufgeschäumter Milch und etwas Schnittlauch abrunden.

Kalte Melonensuppe mit Joghurt und Shrimps

Shrimps:

300 g Shrimps (vorgekocht und tiefgekühlt oder in der Lake)

Saft von 1/2 Zitrone

Salz

Pfeffer aus der Mühle

Süßstoff nach Belieben

Suppe:

1 mittelgroße Melone je nach Marktangebot (Honig- oder Netzmelone)

Saft von 1/2 Zitrone

150 g Joghurt

etwas frische Minze, in Streifen geschnitten

Die Shrimps mit Zitrone, Salz, Pfeffer und nach Belieben mit flüssigem Süßstoff marinieren. Die Melone vierteln, das Fruchtfleisch herauslösen und grob klein schneiden. Zitronensaft und Joghurt dazugeben und alles im Mixer 1 Minute durchmixen.

Die Suppe in kalte Teller oder eine kalte Schüssel gießen, die Shrimps in der Suppe verteilen und das Ganze mit Minzestreifen garnieren.

Broccolicreme-süpple mit Hühnerbrust

250 g frische Broccoliröschen

2 kleine Zwiebeln

2 Knoblauchzehen

1 kleiner Lauch

50 ml Weißwein

500 ml Gemüsebrühe

350 ml Milch

1 Lorbeerblatt

1 Zweig Thymian

Salz

Pfeffer aus der Mühle

2 Hühnerbrüste ohne Fett und Haut

(ca. 400 g)

1 Messerspitze Johannisbrotkernmehl

100 ml Milch zum Aufschäumen

etwas Schnittlauch

Broccoli putzen und in Röschen schneiden. Den Strunk schälen und in Stifte schneiden. Die Zwiebeln schälen, fein schneiden und überbrühen. Den Knoblauch schälen und hacken. Die Broccolirosen in sprudelnd kochendem Salzwasser bissfest kochen. Den Lauch waschen und den hellen Teil in feine Streifen schneiden. Zwiebeln, Knoblauch, Broccolistrunk und Lauch in einer hohen Teflonpfanne ein wenig anbraten, mit dem Wein ablöschen und mit Brühe und Milch angießen. Gewürze zugeben, leicht abschmecken und 15–20 Minuten köcheln lassen.

Die Hühnerbrust in 1 cm breite Streifen schneiden.

Das Johannisbrotkernmehl zur Suppe geben und alles gründlich durchmixen und durch ein Sieb passieren. Die passierte Suppe nochmals aufkochen und die Hühnchenbruststreifen darin kurz ziehen lassen – nicht kochen, sonst wird das Fleisch zäh.

Das Fleisch herausnehmen und mit den Broccoliröschen auf Tellern arrangieren. Die Suppe nochmals aufkochen, abschmecken und die Konsistenz prüfen – sie sollte leicht cremig sein. Eventuell nochmals aufmixen und in die Teller gießen.

Mit Milchschaum und Schnittlauch garnieren.

> **Tipp** Dieses Rezept lässt sich auch mit Karotten oder Zucchini zubereiten.

Fischsüpple im Klaren mit Tomaten

Die Tomaten überbrühen, häuten, vierteln, die Kerngehäuse entfernen und

4 Strauchtomaten

Fischfond (aus dem Glas)

500 g fettarmes Fischfilet nach Wunsch

1 Bund Basilikum, gezupft

das Fleisch würfeln. Den Fischfond erhitzen. Die Fischfilets in mundgerechte Stückchen schneiden. Portionsweise in einem Schaumlöffel im Wasserdampf über dem Topf kurz angaren. Den Fisch mit den Tomatenwürfeln in heiße, tiefe Pastateller setzen und den heißen Fond angießen. Mit Basilikum garnieren und servieren.

Tipp Fettarme Fische sind u.a. Kretzer, Felchen, Zander, Weißfisch, Victoriafisch, Kabeljau, Steinbutt, Seezunge und Steinbeißer.
Fettreiche Fische sind u.a. Aal, Lachs, Lachsforelle, Hering, Karpfen und Saibling.

Champignon-süpple mit Bündnerfleisch

500 g Champignons

2–3 Schalotten

2 Knoblauchzehen

240 g Bündnerfleisch

80 ml Weißwein

250 ml Gemüsebrühe

125 ml Milch

1 Lorbeerblatt

Salz

Pfeffer aus der Mühle

Muskat

1 Messerspitze Johannisbrotkernmehl

Saft von 1/2 Zitrone

etwas Sojasauce

1 Bund Schnittlauch, gehackt

125 ml Kondensmilch

Die Champignons entstielen, putzen und in feine Scheiben schneiden. Die Schalotten schälen und fein würfeln. Den Knoblauch schälen und pressen. Das Bündnerfleisch in dünne Streifen schneiden.

Schalotten und Knoblauch in Weißwein dünsten. Pilze zugeben und kurz mitdünsten, dann die Hälfte der Pilze für die Suppeneinlage wieder herausnehmen. Brühe und Milch angießen. Die Suppe aufkochen, Lorbeer, Salz, Pfeffer und Muskat zugeben und nochmals 10 Minuten bei mittlerer Hitze kochen. Das Johannisbrotkernmehl einstreuen, alles gut durchmixen und die Konsistenz prüfen. Mit Zitronensaft und Sojasauce abschmecken.

Die Teller mit dem Rest der Pilze, dem Bündnerfleisch und dem Schnittlauch füllen und die Suppe angießen. Mit der Kondensmilch vollenden.

Tipp Weiße Champignons ergeben eine mildere Suppe, Steinchampignons oder Egerlinge eine eher kräftige. Statt Bündnerfleisch kann auch gekochter Schinken verwendet werden.

Gemüseeintopf mit Rindfleisch

Fleisch:

1 Zwiebel

1 Lorbeerblatt

1–2 Nelken

800 g Rindfleisch ohne Fett (z.B. Tafelspitz oder Bug)

1 gehäufter TL Salz

Eintopf:

2–3 mittelgroße Zwiebeln

3 mittelgroße Karotten

1/2 Sellerieknolle

1 Stange Lauch

4 Knoblauchzehen

300 g Gemüse der Saison nach Wahl (z.B. Bohnen, Broccoli, Blumenkohl etc.)

125 ml Weißwein

1 Messerspitze Johannisbrotkernmehl

1 Zwiebel schälen und mit Lorbeer und Nelken spicken. Das Fleisch am Stück in ca. 1,5 l Wasser mit 1 gehäuften TL Salz und der gespickten Zwiebel 1 Stunde bei mittlerer Hitze im geschlossenen Topf wallen lassen. Das gegarte Fleisch herausnehmen, etwas abkühlen lassen und in etwa 1 cm dicke Würfel schneiden.

Die restlichen Zwiebeln schälen, halbieren und in 2 mm dicke Streifen schneiden. Karotten und Sellerie schälen und in kleine Würfel schneiden. Lauch halbieren, waschen und in Streifen schneiden. Den Knoblauch schälen und in feine Scheiben schneiden. Das Saisongemüse ebenfalls putzen bzw. waschen und in Stücke schneiden. Zwiebeln und Knoblauch in einem ausreichend großen Topf im Weißwein dünsten. Karotten, Sellerie, Lauch und Saisongemüse zugeben, mit der fertigen Rinderbrühe aufgießen und das Gemüse auf den Punkt garen.

Das geschnittene Rindfleisch zu der Brühe geben und nochmals abschmecken. Die Suppe aufkochen lassen und eventuell mit etwas Johannisbrotkernmehl abbinden.

Tipp Man kann den Eintopf auch mit Selleriesalz, gehackter Petersilie und Sojasauce würzen.

Gulaschsuppe à la bodycur

Spezialpaste:

2 Knoblauchzehen

1 EL Zitronenschale (mit dem Sparschäler geschält)

$\frac{1}{2}$ TL Kümmel

$\frac{1}{2}$ TL Majoran

etwas Quark

Gulaschsuppe:

5 mittelgroße Zwiebeln

500 g Rinderschulter ohne Fett (vom Metzger in 1 cm große Würfel geschnitten)

125 ml Weißwein

2 EL Paprikapulver

500 ml Gemüsebrühe oder Wasser

je 2 rote, grüne und gelbe Paprikaschoten

2 Tomaten

1 Messerspitze Johannisbrotkernmehl

Salz, Pfeffer aus der Mühle

Muskat

Für die Paste den Knoblauch schälen und in feine Scheiben schneiden. Mit Zitronenschale, Kümmel, Majoran und etwas Quark vermischen und mit dem Zauberstab oder im Mixer zu einer feinen Paste pürieren.

Die Zwiebeln schälen und fein würfeln. Die Zwiebeln mit dem Fleisch und dem Weißwein in einem Topf andünsten, das Paprikapulver zugeben und alles bei mittlerer Hitze einkochen lassen. Oft umrühren, damit nichts anbrennt!

Dann mit der Brühe aufgießen und die Hälfte der Paste zugeben. Abschmecken und das Gulasch ca. 30 Minuten sieden lassen.

Die Paprikaschoten putzen und in 1 cm große Würfel schneiden. Die Tomaten überbrühen, häuten und würfeln. Nach der angegebenen Garzeit die Paprikawürfel zur Suppe geben und 10–15 Minuten weiterköcheln lassen. Wenn das Fleisch fast weich ist, das Gulasch mit etwas Johannisbrotkernmehl abbinden, bis eine leicht ölige Konsistenz entsteht.

Mit dem Rest der Paste, Salz und Pfeffer abschmecken und zuletzt die Tomatenwürfel hinzufügen.

> **Tipp** Damit die Suppe nicht zu stark einkocht, sollte während des Kochens nach Bedarf immer wieder etwas Wasser nachgegossen werden.

Karotten-Curry-Suppe mit frischem Koriander

1 Zwiebel

5–6 mittelgroße Karotten

20 g frischer Ingwer

1/2 Knoblauchzehe

1 EL Curry

700 ml Gemüsebrühe (s. Basisrezept oder Instant-Produkt)

100 ml Kondensmilch

Salz

etwas Zitronensaft

Cayennepfeffer

1/2 Bund frischer Koriander, gezupft und in feine Streifen geschnitten

Zwiebel, Karotten und Ingwer schälen und in gleichmäßig große Stücke schneiden. Den Knoblauch schälen und sehr fein schneiden. Alles zusammen in einem Topf mit etwas Wasser andünsten. Den Curry dazu geben und kurz mitschwitzen lassen. Mit der Gemüsebrühe aufgießen und bei schwacher Hitze köcheln lassen, bis das Gemüse butterweich ist.

Die Suppe mit einem Küchenmixer oder Zauberstab pürieren und durch ein Sieb passieren, mit der Kondensmilch verfeinern und mit Salz, Zitronensaft, Curry und Cayennepfeffer abschmecken.

Den frischen Koriander auf die Suppe geben und servieren.

Rahmsuppe vom Räucherfelchen

2 Zwiebeln

800 ml Gemüsebrühe (s. Basisrezept oder Instant-Produkt)

4 geräucherte Felchenfilets

160 ml Kondensmilch

Salz

Pfeffer aus der Mühle

Cayennepfeffer

1 TL Zitronensaft

etwas gehackte Petersilie zum Garnieren

Die Zwiebeln klein schneiden und in der Gemüsebrühe weich kochen. Bei 2 Filets die Haut abziehen, zur Suppe geben und alles fein mixen. Die Kondensmilch dazugeben und die Suppe mit Salz, Pfeffer, einer Prise Cayennepfeffer und etwas Zitronensaft abschmecken. Die restlichen Filets in 8 Stücke teilen und je 2 als Einlage auf einen Suppenteller legen. Die Suppe nochmals erwärmen und auf die Teller verteilen. Mit frischer Petersilie garnieren und servieren.

Weißes Tomatensüpple mit Blättern von Forellenfilet, Hühnchenbrust und Basilikum

1 l Tomatenkraftbrühe (s. Basisrezept, etwa
¹/₃ der angegebenen Menge)

4 Strauchtomaten

1 Knoblauchzehe

1 Forellenfilet (ca. 150 g) ohne Haut

1 Hühnchenbrust ohne Haut und Knochen

(ca. 200 g)

350 ml Milch

150 ml Kondensmilch

¹/₂ TL Johannisbrotkernmehl

1 Bund Basilikum, gezupft

Den Backofen auf 180 °C vorheizen.
Die Tomatenkraftbrühe erhitzen und etwa um die Hälfte einkochen lassen. Die Tomaten überbrühen, häuten, vierteln, die Kerne entfernen und das Fruchtfleisch würfeln.
Die Knoblauchzehe halbieren und mit den Hälften 4 feuerfeste Pastateller ausreiben. Die Forellen- und Hühnchenfilets mit einem sehr scharfen Messer blattdünn schräg in Scheiben schneiden. Die reduzierte Brühe mit Milch, Kondensmilch und Johannisbrotkernmehl kurz aufkochen und mit dem Zauberstab durchmixen. Die Konsistenz prüfen, gegebenenfalls mit Johannisbrotkernmehl noch etwas eindicken und abschmecken.
Die feuerfesten Teller im Ofen erwärmen. Die Forellen- und Hähnchenbrust-

Scheiben mit den Tomatenwürfeln auf den heißen Tellern verteilen. Die gut durchgemischte heiße Suppe in die Teller gießen. In ca. 11 Sekunden sind Fleisch und Fisch gar und butterweich!
Mit aufgeschäumter Milch und Basilikum garnieren.

Tomatensuppe mit Parmablättern

2 mittelgroße Zwiebeln

2 Knoblauchzehen

500 g Strauchtomaten

etwas Weißwein nach Belieben

1 TL Tomatenmark

Salz

Pfeffer aus der Mühle

etwas Basilikum

1 Lorbeerblatt

1 Prise Kräuter der Provence

500 ml Tomatensaft

1 Messerspitze Johannisbrotkernmehl

250 g Parmaschinken (sehr dünn

geschnitten)

1 Tomate

etwas Milch

Die Zwiebeln schälen und in feine Streifen schneiden. Den Knoblauch schälen und fein schneiden. Die Tomaten waschen und grob würfeln. Zwiebeln und Knoblauch in etwas Wasser oder Wein dünsten. Das Tomatenmark, die Tomatenwürfel, Salz, Pfeffer, Basilikum, Lorbeer, Kräuter der Provence und den Tomatensaft zugeben, alles aufkochen

und 30 Minuten köcheln lassen. Die Suppe durch ein Sieb passieren und abschmecken. Nach Belieben mit Johannisbrotkernmehl binden und aufmixen. Während die Suppe kocht, den Parmaschinken gründlich von Fett befreien. Eine Tomate in sehr dünne Scheiben schneiden. 4 große Suppenteller mit den Parmablättern und den Tomatenscheiben auslegen und mit etwas Pfeffer würzen. Die Tomatensuppe angießen und nach Belieben mit etwas Milchschaum garnieren.

Tipp Wer ein Faible für cremige Suppen hat, kann die Tomatensuppe zum Schluss mit 1 EL Joghurt und etwas Kondensmilch aufmixen und damit cremig vollenden.

Tomaten-Ingwer-Suppe

500 g reife Flaschentomaten oder
Schältomaten aus der Dose

25 g frischer Ingwer

250 ml ungesüßter Tomatensaft

1 EL frische Korianderblätter

1 Lorbeerblatt

Süßstoff

1 Chilischote (getrocknet)

Salz

Pfeffer aus der Mühle

Die Tomaten blanchieren, häuten und
den Stielansatz herausschneiden. Zwei
Tomaten entkernen (Kerne aufheben!)
und für die Suppeneinlage in Würfel
schneiden, sie werden später als Suppeneinlage verwendet. Den Ingwer
schälen und fein würfeln. Einige Würfel
für die Einlage zurückbehalten, ebenso
einige Korianderblätter zur Seite legen.
Die restlichen Tomaten grob würfeln
und mit den Tomatenkernen, Tomatensaft, Ingwer, den restlichen Koriander-
blättern, Lorbeerblatt, etwas Süßstoff
und Chili in einen Topf geben und ca. 15
Minuten köcheln lassen. Die Suppe mit
dem Mixer pürieren, durch ein nicht zu
feines Sieb passieren und mit Salz und
Pfeffer würzen.

Die zurückbehaltenen Tomatenwürfel
auf Suppentassen oder Teller verteilen.
Die heiße Suppe darüber geben und
mit Koriander und Ingwerwürfelchen
garnieren.

Tipp Die Suppe ist an heißen Som-
mertagen auch als kaltes Gericht erfri-
schend.

Kräutersüpple mit geräucherter Forelle und Radieschen

2 mittelgroße Zwiebeln

2 Knoblauchzehen

Salz

125 ml Weißwein

1 Bund Schnittlauch, fein geschnitten

1 Hand voll Petersilienblätter, gehackt

1 TL getrocknete Kräuter der Provence oder
frische gehackte Kräuter (Basilikum,
Estragon, Thymian, Majoran)

500 ml Gemüsebrühe

250 ml Milch

2 geräucherte Forellenfilets

$^1/_2$ Bund Radieschen

etwas Zitronensaft

1 cl Pernod

1 Messerspitze Johannisbrotkernmehl

125 g Joghurt

Die Zwiebeln schälen, fein würfeln und
überbrühen. Den Knoblauch schälen,
fein hacken oder mit etwas Salz pressen. Zwiebeln und Knoblauch in einem
ausreichen großen Topf in Weißwein
weich dünsten, die Hälfte der geschnittenen Kräuter zugeben, die Brühe und
die Hälfte der Milch angießen und alles
8–10 Minuten köcheln lassen.
Während die Suppe kocht, die Forellenfilets in fingerbreite Stücke schneiden
und die Radieschen putzen, waschen
und in feine Streifen schneiden.
Die Suppe nun mit Zitronensaft und
Pernod würzen und abschmecken. Das
Johannisbrotkernmehl zugeben und
die Suppe mit dem Zauberstab durch-

mixen, bis eine cremige Konsistenz entsteht. Das Ganze durch ein feines Sieb
passieren und den Rest der Kräuter zugeben.

Den Joghurt unterrühren, die Suppe nicht mehr kochen lassen und nochmals feinwürzig abschmecken. Zuletzt die Forellenstücke und Radies-chen auf den vorgewärmten Tellern anrichten, den Rest der Milch aufschäumen, die Suppe angießen und mit dem Milchschaum garnieren.

Tipp Diese Suppe lässt sich auch sehr gut mit beliebigen anderen Saisonkräutern wie Sauerampfer oder Kresse zubereiten.

Hauptgerichte mit Fleisch

Hähnchen mit Kräuterquark gefüllt

2 Riesenchampignons

250 g Magerquark

etwas Thymian, Rosmarin und Petersilie, gehackt

Salz

Pfeffer aus der Mühle

Cayennepfeffer

etwas Zitronensaft

1 Hähnchen (ca. 1500 g Gewicht)

2 Karotten mit Grün

4 Mini-Artischocken

6 Borretane-Zwiebeln (kleine Saucen-zwiebeln)

1/2 Zucchini

1 Paprikaschote

200 ml Kondensmilch

Den Ofen auf 160 °C vorheizen. Die Riesenchampignons putzen und in kleine Würfel schneiden.

Den Magerquark mit den gehackten Kräutern und den Champignonwürfeln mischen und mit Salz, Pfeffer, Cayennepfeffer und etwas Zitronensaft abschmecken.

Das Hähnchen häuten, zwischen der Karkasse und dem Brustfleisch auf beiden Seiten eine Tasche schneiden und diese mit dem Kräuterquark füllen. Huhn von innen und außen mit Salz und Pfeffer würzen.

Die Karotten schälen und in 1 cm dicke Scheiben schneiden. Die Mini-Artischocken putzen und vierteln. Die Zwiebeln schälen. Die Zucchini waschen und in 1 cm dicke Scheiben schneiden. Die Paprikaschote entkernen und in 2 cm dicke Würfel schneiden. Das Gemüse mit Salz und Pfeffer würzen.

Gemüse und Hähnchen in einen Römertopf oder einen Bratschlauch geben. Das Hähnchen mit Kondensmilch übergießen und alles 1 Stunde im vorgeheizten Ofen garen.

Das fertige Hähnchen in vier Teile zerlegen und mit dem Gemüse anrichten. Den auslaufenden Fleischsaft zum Gemüse geben. Den restlichen Kräuterquark dazu reichen.

Rinderroulade mit Karotten-püree

Rinderrouladen:

4 Rinderrückensteaks à 150 g (wenn möglich bereits vom Metzger dünn plattiert)

1 Zwiebel

etwas trockener Rot- oder Weißwein

1 zuckerfreie Essiggurke

100 g gekochter magerer Schinken

1 Knoblauchzehe

Senf

Salz

Pfeffer aus der Mühle

etwas Muskat

8 Zahnstocher

Püree:

100 g frische Ananas

600 g Karotten

100 ml Kondensmilch

Salz

Pfeffer aus der Mühle

Den Backofen auf 220 °C vorheizen. Die Rinderrückensteaks ggf. dünn plattieren (ca. 15 x 20 cm).

Die Zwiebel schälen, in feine Streifen schneiden und in etwas Rot- oder Weißwein gar dünsten. Die Essiggurke fein hacken, den Schinken in feine Würfel schneiden, den Knoblauch schälen und pressen.

Die Fleischplatten mit Senf bestreichen und die gehackte Essiggurke, die Schinkenwürfel, den Knoblauch und die Zwiebeln darauf verteilen. Mit Salz, Pfeffer und Muskat würzen. Das Fleisch an beiden Rändern (außen links und rechts) ca. 3 cm einklappen, zusammenrollen und mit einem Zahnstocher fixieren. Die Rouladen in einen Bräter legen und im vorgeheizten Ofen 10–12 Minuten braten.

Die Ananas würfeln. Die Karotten schälen, vierteln und in wenig gesalzenem Wasser ganz weich dünsten. Die Karotten abgießen und mit dem Pürierstab ohne Wasser fein pürieren, abschmecken und die Ananaswürfel unterheben. Das Püree mit etwas Kondensmilch verfeinern, nochmals abschmecken und mit den Rouladen anrichten.

Tipp Das Püree kann man zusätzlich mit einer Selleriesauce aus Selleriepüree, Milch und Quark verfeinern.

Kalbfleisch-frikassee

1 ½ Zwiebeln

1 mittelgroßes Lorbeerblatt

3 Nelken

250 ml Wasser

50 ml trockener Weißwein

180 g mageres Kalbfleisch von der Oberschale (vom Metzger gewürfelt)

Salz und Pfeffer aus der Mühle

Muskat

100 g weiße Champignons

½ Kohlrabi

50 ml Kondensmilch

1 Messerspitze Johannisbrotkernmehl

etwas Zitronensaft

Die Zwiebeln schälen. 1 ganze Zwiebel mit 1 Lorbeerblatt und 1 Nelke spicken, die restliche Zwiebel fein würfeln. Wasser und Wein zum Sieden bringen und das Fleisch, die gespickte Zwiebel, das Lorbeerblatt und die Nelken zufügen. 10 Minuten leicht ziehen lassen und mit Salz, Pfeffer und Muskat würzen. Nochmals ca. 10 Minuten ziehen lassen.

Die Champignons putzen und vierteln und den Kohlrabi schälen, in Stifte schneiden und in etwas Salzwasser garen.

Wenn das Fleisch fertig ist, alles durch ein Sieb gießen und dabei den Fond auffangen. Die gespickte Zwiebel entfernen, das Fleisch abdecken und beiseite stellen.

Die Zwiebelwürfel mit dem Fond und der Kondensmilch 5 Minuten köcheln lassen und die Sauce mit dem mit kaltem Wasser angerührten Johannisbrotkernmehl abbinden. Mit Salz und etwas Zitronensaft abschmecken und kurz aufmixen.

Zum Schluss das Fleisch, die geviertelten Champignonköpfe und die weich gekochten Kohlrabistifte dazugeben. Alles noch einmal aufkochen und in einer tiefen Schale oder einer Kokotte servieren.

Tipp Unter »Kokotte« versteht man eine viereckige oder ovale Keramikschale mit nicht zu hohem Rand.

Weißer Eintopf mit Asia-Hühnchen

2 Knoblauchzehen

1 TL milder Curry

3 EL Zitronensaft

Salz und Pfeffer aus der Mühle

Sojasauce (hell)

Chili nach Belieben

50 g frisch geriebener Ingwer

600 g fein geschnetzelte Hühnerbrust, ohne Fett und Knochen

1 Messerspitze Johannisbrotkernmehl

1 Stange Lauch

2 Zwiebeln

1 Lorbeerblatt

1 Nelke

1/4 Sellerie

1 kleine Zucchini

100 g Navette, Rübchen, Petersilienwurzel, Schwarzwurzel oder Spargel je nach Marktangebot

1 weißer Chicoree

250 ml trockener Weißwein

Den Knoblauch schälen und pressen. Mit Curry, Zitronensaft, etwas Salz und Pfeffer, Sojasauce, Chili und Ingwer vermengen, das geschnetzelte Hühnchen damit marinieren und 1 Stunde ziehen lassen. Den Lauch halbieren, waschen und den hellen und hellgrünen Teil quer in Streifen schneiden. Eine Zwiebel

schälen und in Streifen schneiden. Die zweite Zwiebel schälen und mit dem Lorbeerblatt und der Nelke spicken. Sellerie und Zucchini schälen und in 1 cm große Würfel schneiden. Rübchen putzen und ebenfalls würfeln. Chicoree halbieren, blanchieren, den Strunk herausrennen, vierteln und quer in Streifen schneiden. Lauch, Zwiebeln, Sellerie, Zucchini, Rübchen und Chicoree mit dem Weißwein und 750 ml Wasser in einen Topf geben. Alles aufkochen, mit Salz und Pfeffer abschmecken und 10–15 Minuten köcheln lassen.

Das eingelegte Hühnchen dazugeben und nochmals aufkochen lassen. Mit kalt angerührtem Johannisbrotkernmehl abbinden. Den Eintopf 15 Minuten ziehen lassen, die gespickte Zwiebel entfernen, erneut abschmecken und vorsichtig umrühren.

Auf Suppentellern servieren.

Cordon Bleu

700 g Karotten	
7 mittelgroße Zwiebeln	
200 g Quark	
40 ml Kondensmilch	
Salz	
Pfeffer aus der Mühle	
1/2 Bund Schnittlauch, gehackt	
120 g magerer, gekochter Schinken	
8 dünne, plattierte Kalbsschnitzel à 60 g	
1 Eiweiß	
etwas Süßstoff	
etwas Zitronensaft	
1 Messerspitze Johannisbrotkernmehl	
100 g Joghurt	
1/2 Bund Petersilie, gehackt	
1 EL Zwiebelwürfel	

Den Ofen auf 220 °C vorheizen. Die Karotten waschen, schälen und in mittelgroße Stifte schneiden. Die Zwiebeln schälen, fein würfeln und in Salzwasser blanchieren. 1 EL Zwiebelwürfel beiseite stellen.

Den Quark und die Kondensmilch zu einer Masse verrühren und mit Salz, Pfeffer, Schnittlauch und Zitrone würzen. Den Schinken würfeln.

Die plattierten Schnitzel gleichmäßig mit dem Schinken und der Quarkmasse füllen und zusammenklappen. Das Eiweiß etwas aufschlagen. Das Fleisch mit dem Eiweiß benetzen und mit den angegarten Zwiebeln und dem Schnittlauch panieren. Auf ein mit Backpapier belegtes Blech geben und im vorgeheizten Ofen 10–12 Minuten garen.

Die Karotten in einem Topf mit etwas Wasser garen. Etwas Salz, Pfeffer und Süßstoff hinzufügen und den Wasserverlust beim Kochen immer wieder ausgleichen. Den Fond mit dem kalt angerührten Johannisbrotkernmehl abbinden und mit Joghurt, gehackter Petersilie und den Zwiebeln vollenden.

Das Cordon Bleu am cremigen Karottengemüse anrichten.

Saltimbocca

500 g Karotten

1 Lauch

480 g Kalbsrückenoberschale oder Lende
am Stück oder 16 Schnitzel à 30 g, leicht
geklopft

120 g magerer gekochter Schinken in
16 kleinen Scheiben

16 kleine Salbeiblätter

16 Zahnstocher

Salz

Pfeffer aus der Mühle

1 Knoblauchzehe

Saft von ½ Zitrone

250 ml trockener Weißwein

150 g Joghurt

etwas Süßstoff

1 kleiner Bund Schnittlauch,
fein geschnitten

Den Ofen auf 220 °C vorheizen. Die Karotten schälen und in Streifen hobeln. Den Lauch halbieren, waschen und erst quer, dann längs in feine Streifen schneiden.

Die 16 Schnitzel zwischen 2 Lagen Frischhaltefolie portionsweise vorsichtig auf einen halben Zentimeter Dicke klopfen und mit je 1 Schinkenscheibe und 1 Salbeiblättchen belegen. Salbei, Schinken und Fleisch einmal zusammenfalten, mit einem Zahnstocher fixieren und mit Salz und Pfeffer würzen. Die Fleischtäschchen auf einem mit Backpapier ausgelegten Blech im vorgeheizten Ofen ca. 7–8 Minuten garen.

Die Karotten- und Lauchstreifen im Wok anbraten und mit Salz, Pfef-

fer, dem gepressten Knoblauch und etwas Zitronensaft würzen. Mit Wein ablöschen und kurz einkochen lassen. Das Gemüse sollte noch knackig sein. Zum Schluss mit Joghurt abrunden und mit Süßstoff, Salz und Schnittlauch vollenden.

Das Gemüse aus dem Wok heben und in Form eines Sockelbeetes auf den Tellern oder einer Platte anrichten. Das Fleisch auf dem Gemüse arrangieren und mit der Sauce benetzen.

Vitello Tonnato

800 g mageres Kalbfleisch von der
Oberschale am Stück

Salz

Pfeffer aus der Mühle

2 Knoblauchzehen

150 g Thunfisch aus der Dose im eigenen
Saft

150 g Joghurt

1 EL Zitronensaft

1 TL Dijon-Senf

etwas Süßstoff

100 g Kapern und Kapernsaft

1 Bund Schnittlauch, gehackt

etwas gehackter Schnittlauch für die
Garnitur

Den Ofen auf 220 °C vorheizen. Das Kalbfleisch am Stück in einer Teflonpfanne von allen Seiten kurz trocken anbraten. Mit Salz, Pfeffer und dem gepressten Knoblauch würzen und auf einem Stück Alufo-

lie im vorgeheizten Ofen ca. 20–25 Minuten zartrosa garen (die Kerntemperatur sollte 58–60 Grad betragen). Das Fleisch aus dem Ofen nehmen, in Alufolie einpacken und bis auf Zimmertemperatur abkühlen lassen.

Den Thunfisch samt Saft mit dem Joghurt, dem Zitronensaft, dem Senf, etwas Salz, dem Pfeffer und dem Süßstoff zu einer dickflüssigen Creme pürieren und den gehackten Schnittlauch dazugeben. Etwas Schnittlauch für die Garnitur beiseite stellen.

Das abgekühlte Fleisch auspacken, abtrocknen und in möglichst dünne Scheiben schneiden. Die Scheiben auf einer Platte oder den Tellern anrichten, etwas salzen, pfeffern und mit Zitronensaft beträufeln.

Die Konsistenz der Thunfischsauce prüfen, nochmals abschmecken, die Kapern dazugeben und die Sauce großzügig auf dem Fleisch verteilen. Mit Schnittlauch garnieren und servieren.

Asia-Hühnchen mit Broccoliflan

Broccoliflan

500 g Broccoli

Salz

Pfeffer aus der Mühle

etwas Muskat

4 Eiweiß

100 ml Kaffeesahne

Hühnchen:

2 Zwiebeln

2 Knoblauchzehen

160 g frische Ananas

1 mittelgroßer Apfel

etwas Weißwein

250 ml Milch

1 EL Zitronensaft

2 EL milder Curry

etwas Sambal Oelek

600 g Hühnchenbrust ohne Haut und

Knochen in 4 Stücken à 150 g

150 g Joghurt

1 Messerspitze Johannisbrotkernmehl

Süßstoff

rosa Pfeffer

Den Ofen auf 170 °C vorheizen. Den Broccoli putzen, waschen und bis auf den Strunk in haselnussgroße Stücke schneiden. Den Strunk schälen, grob würfeln und mit anderen Schnittresten und Stängeln und den Broccoliröschen in etwas Salzwasser weich garen, abschütten, abschrecken und auf Küchenkrepp beiseite legen.

200 g Broccoliwürfel fein pürieren, mit Salz, Pfeffer und etwas Muskat würzen. Das geschlagene Eiweiß und die Kaffeesahne unterheben und mit den restlichen Broccoliröschen vermengen. Vier befeuchtete Kaffeetassen mit Frischhaltefolie auslegen und mit der Masse füllen. Kochendes Wasser in einen Bräter gießen und Kaffeetassen hineinsetzen. Im vorgeheizten Ofen 20 Minuten im Wasserbad garen. Den Broccoliflan mit der Folie vorsichtig auf eine Platte stürzen, die Folie abziehen und servieren.

Während der Flan gart, die Zwiebeln schälen und fein würfeln. Den Knoblauch schälen und pressen. Die Ananas schälen und in etwa 1 cm große Würfel schneiden. Den Apfel schälen, vierteln, entkernen und ebenfalls in etwa 1 cm große Würfel schneiden.

Die Zwiebeln mit dem Knoblauch und dem Weißwein in einem flachen Topf ca. 5 Minuten andünsten. Die Hälfte der Ananas- und Apfelwürfel sowie die Milch hinzufügen. Alles 5 Minuten köcheln lassen und mit Zitronensaft, Süßstoff, Salz,

Pfeffer, Curry und Sambal Oelek abschmecken.

Das Hühnchen in die Sauce legen, unter ständigem Wenden 10 Minuten garen, herausnehmen und warm halten.

Die Sauce mit einem Mixer fein pürieren, mit den restlichen Ananas- und Apfelwürfeln sowie dem Joghurt kurz aufkochen und mit Süßstoff abschmecken. Die Sauce nach Belieben mit etwas kalt angerührtem Johannisbrotkernmehl abbinden. Zum Schluss mit etwas rosa Pfeffer bestreuen.

Lendchenpiccata mit Apfel-Meerrettich auf Lauch-Joghurt-Gemüse

600 g sehr magere Schweinelende

2 kleine Stangen Lauch

1 mittelgroßer Apfel

50 g Harzer Käse

1 TL Tomatenmark

100 ml Kondensmilch

150 g Joghurt

1 Messerspitze Johannisbrotkernmehl

Salz

Pfeffer aus der Mühle

Süßstoff

3 Eiweiß

1 TL frischer Meerrettich, sehr fein gerieben

1 Prise Paprikapulver

½ Bund Schnittlauch, gehackt

1 Knoblauchzehe, gepresst

Den Ofen auf 220 °C vorheizen. Die Lende sauber parieren und in 5–8 mm dicke Scheiben schneiden, so dass pro Person ca. 6–8 Scheiben Fleisch serviert werden können.

Den Lauch putzen, halbieren, waschen und den hellen Teil in Streifen schneiden. Den Apfel waschen, das Kernhaus entfernen und das Fruchtfleisch fein würfeln. Den Harzer Käse fein zerbröseln.

Den Lauch mit dem Tomatenmark und etwas Wasser in einer Teflonpfanne bei starker Hitze andünsten. Abschmecken und ca. 8–10 Minuten köcheln lassen, bis der Lauch fast weich bzw. bis die Flüssigkeit verdunstet ist. Die Kondensmilch und den Joghurt dazugeben und nach Belieben alles mit kalt angerührtem Johannisbrotkernmehl cremig vollenden. Nochmals mit Salz, Pfeffer, Knoblauch und Süßstoff abschmecken. Die Basilikumstreifen ganz zum Schluss unterheben.

Das Eiweiß kurz anschlagen und gut mit den Apfelwürfeln, dem Meerrettich, dem Käse und dem Paprikapulver vermengen. Die Masse mit Salz, Pfeffer, Knoblauch und Schnittlauch würzen. Die Fleischscheiben darin wenden. Die gut benetzten Fleischplätzchen auf ein mit Backpapier ausgelegtes Blech legen und im vorgeheizten Ofen 3–5 Minuten backen.

Das Gemüse auf vorgewärmten Tellern anrichten und die Fleischplätzchen mit einer Palette auf dem Lauchgemüse arrangieren.

Lammrücken-schnitte mit Pilz-kruste auf Zwiebel-Paprika-Kompott

1 rote Paprikaschote

1 gelbe Paprikaschote

5 mittelgroße Zwiebeln

1 Knoblauchzehe

250 g Austernpilze oder

braune Champignons

Salz

Pfeffer aus der Mühle

100 ml Kondensmilch

1 Scheibe Vollkornknäckebrot

600 g Lammrückenfilet in 4 Stücken à 150 g

4 Zwiebeln

1 TL Tomatenmark

500 ml Tomatensaft

250 ml Milch

2 EL Zitronensaft

1 großes Bund Petersilie, gehackt

Den Ofen auf 220 °C vorheizen. Die Paprikaschoten im Ganzen im vorgeheizten Ofen ca. 20 Minuten backen. Danach abziehen, vierteln, das Kerngehäuse herausnehmen und in Streifen schneiden.

Die Zwiebeln schälen, in feine Würfel schneiden und überbrühen. Zwiebelwürfel von einer Zwiebel beiseite stellen. Den Knoblauch schälen und pressen. Die Pilze putzen und in Streifen schneiden

Die Zwiebelwürfel mit dem Knoblauch in der Teflonpfanne anschwitzen, bis sie etwas Farbe bekommen. Aus der Pfanne nehmen und beiseite stellen. Die Pfanne säubern und den gleichen Vorgang mit den Pilzen wiederholen. Die Zwiebeln wieder hinzufügen, mit Salz und Pfeffer würzen, die Kondensmilch zugeben und die Mischung einkochen, bis sie cremig ist. Nochmals abschmecken, das Knäckebrot zerbröseln und die Brösel untermengen.

Das Fleisch mit Salz und Pfeffer würzen und in einer heißen Teflonpfanne kurz von allen Seiten anbraten. Die Pilzmasse gleichmäßig auf dem Fleisch verteilen und die Fleischstücke auf einem Backblech im vorgeheizten Ofen ca. 8–10 Minuten medium braten.

Zwiebelwürfel und Paprikastreifen in der Teflonpfanne anschwitzen, mit etwas Tomatenmark und dem Tomatensaft ablöschen und die Milch dazugeben. Das Gemüse bissfest garen und mit Salz, Pfeffer, Zitronensaft und gehackter Petersilie würzen. Auf Konsistenz prüfen (evtl. mit kalt gelöstem Johannisbrotkernmehl abbinden) und auf vorgewärmten Tellern anrichten. Das fertige Fleisch auf das Gemüse setzen und servieren.

Tipp Sie können dieses Gericht auch mit einer Rückenschnitte vom Rind zubereiten.

Zwiebelrost- braten mit Broccoliflan und Apfel

6 mittelgroße Zwiebeln

125 ml trockener Weißwein

Salz und Pfeffer aus der Mühle

etwas Löwensenf extra oder Dijon-Senf

500 g Broccoli

etwas Muskat

4 Eiweiß

100 ml Kaffeesahne

4 Rinderrückensteaks à 160–180 g (ohne Fett und Sehnen)

1 Apfel (Granny Smith)

etwas Zitronensaft

rosa Pfeffer

1 EL Joghurt

Den Ofen auf 170 °C vorheizen. Die Zwiebeln schälen, halbieren und in feine Streifen schneiden. Zwiebel- streifen in einer Teflonpfanne an- braten, mit der Hälfte des Weiß- weins ablöschen, mit Salz, Pfeffer und dem Senf würzen und beiseite stellen.

Den Broccoli putzen, waschen und bis auf den Strunk in haselnuss- große Stücke schneiden. Den Strunk schälen, grob würfeln und mit Schnittresten, Stängeln und den Broccoliröschen in etwas Salzwasser weich garen, abschütten, abschre- cken und auf Küchenkrepp beiseite legen. 200 g Broccoliwürfel fein pürieren, mit Salz, Pfeffer und etwas Muskat würzen. Das geschlagene Eiweiß und die Kaffeesahne unter-

heben und mit den restlichen Broc- coliröschen vermengen. Vier be- feuchtete Kaffeetassen mit Küchen- folie auslegen und mit der Masse füllen. Kochendes Wasser in einen Bräter gießen und Kaffeetassen hin- einsetzen. Im vorgeheizten Ofen 20 Minuten im Wasserbad garen.

Inzwischen das Fleisch in einer Te- flonpfanne braten, bis der Gar- punkt erreicht ist. Anschließend auf eine vorgewärmte Platte legen, ab- decken und leicht warm halten. Den Apfel waschen, vierteln, das Kernhaus entfernen und die Frucht in schmale Spalten schneiden.

Die vorbereiteten Zwiebeln in die Teflonpfanne geben, in der das Fleisch gegart wurde, den Bratensatz mit dem restlichen Weißwein lösen, mit Salz und rosa Pfeffer würzen und die Zwiebeln im Weißweinsud weich dünsten. Den Saft von der Fleischplatte hinzufügen und

mit Joghurt vollenden. Nach Belieben grüne Apfelstreifchen in der Soße mitdünsten oder als Garnitur verwenden.

Das Fleisch mit Senf bestreichen, die Zwiebelstreifen darauf geben und das Fleisch im Ofen nochmals kurz erwärmen.

Den fertigen Broccoliflan mit der Folie vorsichtig auf eine Platte oder Teller stürzen, die Folie abziehen und mit dem Fleisch servieren.

Tipp Als Beilage eignet sich hervorragend das Karottenpüree von S. 74.

Gebratener Spargel mit Roastbeef und Kräuter-Joghurt-Remoulade

1 ½ kg weißer Spargel

Salz

etwas Süßstoff

½ Knoblauchzehe

Saft von 1 Zitrone

200 ml Weißwein

1 Lorbeerblatt

600 g mageres Roastbeef am Stück

Pfeffer aus der Mühle

Dijon-Senf

1 Rosmarinzweig

1 Eiweiß

etwas gehackter Kerbel

2 gekochte Eier

½ Salatgurke oder eine ähnliche Menge Essiggurken

300 g Joghurt

250 g Quark

1 Bund Schnittlauch, fein geschnitten

etwas Dill, gehackt

etwas Sojasauce

1 EL Kapern, gehackt

Süßstoff nach Belieben

Den Ofen auf 220 °C vorheizen. Den Spargel schälen. Die Spargelschalen für das Aroma in ca. 1 l leicht kochendem Wasser mit etwas Salz und Süßstoff, dem geschälten Knoblauch, der Hälfte des Zitronensafts und dem Weißwein für 2–3 Minuten ziehen lassen wie Tee. Die Spargelschalen herausnehmen und den geschälten Spargel im Sud mit dem Lorbeerblatt 18–20 Minuten sanft köcheln lassen.

Während der Spargel köchelt, das Roastbeef mit Küchenkreppttrocken tupfen, mit Salz, Pfeffer, Senf und Rosmarin einreiben und in der Fettpfanne auf Backpapier im vorgeheizten Ofen 10–12 Minuten braten. Das Fleisch wenden und nochmals 10–12 Minuten braten.

Das Eiweiß leicht aufschlagen und den gehackten Kerbel unterziehen. Den Spargel aus dem Topf nehmen, auf ein Tuch legen, quer halbieren, durch die Eiweißmischung ziehen und portionsweise in der Teflonpfanne leicht braun anbraten. Den gebratenen Spargel auf einer Platte oder auf Tellern arrangieren.

Das gekochte Eiweiß fein würfeln (das Eigelb wird nicht benötigt), die Gurke schälen, halbieren, entkernen und in Würfel schneiden. Joghurt, Quark, Schnittlauch, Dill, Eiweiß, Gurke, etwas Sojasauce, Senf, Kapern, die restliche Zitrone und Salz, Pfeffer und evtl. Süßstoff zu einer Remoulade verrühren und nochmals abschmecken.

Das fertige Roastbeef in dünne Scheiben schneiden, kalt oder warm anrichten, und mit etwas Salz und Pfeffer bestreuen. Den Spargel mit der Remoulade benetzen und beides servieren.

Zweierlei vom Reh mit Wurzelgemüse und Selleriepüree

Rehragout und Rehfond:

800 g Rehragout aus der Keule, in 2 cm große Würfel geschnitten

400 g magere, zarte Rehfleischstücke

400 g Knochen, gehackt und pariert (Parüren für den Fond aufbewahren!)

3 mittelgroße Zwiebeln

3 mittelgroße Karotten

¼ Sellerie

½ kleiner Lauch

12 g Pfeffer

4 Lorbeerblätter

20 Wacholderbeeren

6 Nelken

1 TL Thymian

6 Knoblauchzehen

200 g Gemüseabschnitte, gewürfelt

500 ml Rotwein

80 g Tomatenmark

etwas Johannisbrotkernmehl

Selleriepüree:

1 große Sellerieknolle

500 ml Kondensmilch

Salz

Pfeffer aus der Mühle

Saft von ½ Zitrone

gehackte Petersilie nach Belieben

Preiselbeerjoghurt:

150 g Preiselbeeren

1 mittelgroßer Apfel (Granny Smith)

Saft von ½ Zitrone

etwas Süßstoff

150 g Joghurt

Das Fleisch entweder vom Metzger vorbereiten lassen oder eine entsprechend große Rehkeule auslösen, davon 800 g in Rehragoutfleisch schneiden und 400 g zarte Vorzugsstücke fürs Nüssle beiseite legen.

Zwiebeln, Karotten und Sellerie schälen und würfeln, die Abschnitte beiseite legen. Den Lauch waschen, putzen und in Stücke schneiden. Pfeffer, Lorbeer, Wacholderbeeren, Nelken und Thymian im Mörser zermahlen, Knoblauch schälen und grob zerkleinern, 1/3 der Gewürze für den Fond beiseite stellen und den Rest in ein Stoffbeutelchen geben. 800 g Gulasch und 400 g Gemüsewürfel mit den Gewürzen für 1–2 Tage im Rotwein beizen und ab und zu durchmengen.

Wenn das Fleisch gebeizt ist, Fleisch und Gemüse abschütten, dabei die Marinade auffangen und passieren. Das Fleisch mit einem Tuch etwas trocknen und in einer Teflonpfanne portionsweise anbraten. Mit dem Gemüse ebenso verfahren.

Das gebratene Fleisch mit dem Gemüse in einen flachen Topf geben und weiter sanft braten, mit 2 EL Tomatenmark glasieren und die passierte Marinade und etwas Wasser angießen, bis alles bedeckt ist. Das Gewürzsäckchen zugeben, mit Salz und Pfeffer würzen und alles ca. 1 Stunde köcheln lassen, bis das Fleisch weich ist. Den auftretenden Flüssigkeitsverlust mit Wasser und Wein ausgleichen. Das Rehragout mit etwas in Wasser gelöstem Johannisbrotkernmehl

abbinden und nochmals abschmecken. Das Gewürzsäckchen herausnehmen und ausdrücken.

Für den Rehfond der Ofen auf 180 °C vorheizen. Die gehackten Knochen und Parüren in einer Kasserolle im Ofen rundum rösten. Die Knochen auf dem Herd mit 1/3 des Tomatenmarks und den klein geschnittenen Gemüseabschnitten glasieren und mit 500 ml Wasser und etwas Rotwein bedecken. Mit Salz, Pfeffer und 1/3 der Gewürze (bereits gemörsert und im Arbeitsschritt »Ragout« beiseite gestellt) abschmecken und den Fond ca. 2 Stunden leicht köcheln lassen. Den auftretenden Flüssigkeitsverlust mit Wasser oder Wein ausgleichen. Anschließend abkühlen lassen, passieren und evtl. das Fett abschöpfen.

Für die Nüssle die Vorzugsstücke vom Reh mit Salz, Pfeffer und Knoblauch würzen und in einer Teflonpfanne anbraten. Im vorgeheizten

Backofen 6–8 Minuten zartrosa braten. Herausnehmen und auf einer warmen Platte 10 Minuten abgedeckt ziehen lassen. Das Fleisch aufschneiden, den Fleischsaft in das Rehragout einrühren und die Fleischscheiben auf dem Rehragout anrichten.

Für das Selleriepüree den Sellerie schälen und grob klein schneiden. Die Selleriestücke mit etwas Wasser, der Kondensmilch, Salz, Pfeffer und dem Zitronensaft weich kochen, pürieren und nach Belieben mit gehackter Petersilie verfeinern. Für den Preiselbeerjoghurt die Beeren waschen und den Apfel schälen und reiben. Die Beeren mit etwas Wasser, dem geriebenen Apfel und etwas Süßstoff kurz aufkochen. Das Kompott abkühlen lassen und mit Joghurt und Zitronensaft verfeinern. Fleisch und Selleriepüree auf vorgewärmten Tellern platzieren und mit dem Preiselbeerjoghurt garnieren.

Gehobelter weißer Spargel mit Bäckle in Zwiebel-Bärlauch-Kompott

7 mittelgroße Zwiebeln

2 Lorbeerblätter

1 Nelke

600 g Schweinebäckle oder Kalbsoberschale am Stück ohne Fett

etwas Essig

1 1/2 kg weißer Spargel

Salz und Pfeffer aus der Mühle

Süßstoff

Saft von 1/2 Zitrone

350 ml Weißwein

4 Knoblauchzehen

1 kleines Bund Bärlauch

250 g Champignons, 1 Tomate

250 ml Gemüsebrühe (Basisrezept oder Instant-Produkt

1 Messerspitze Johannisbrotkernmehl

150 ml Kondensmilch

etwas Senf

1 Zwiebel mit dem Lorbeerblatt und der Nelke spicken. Das Fleisch am Stück in siedendes Salzwasser geben und mit der gespickten Zwiebel und dem Essig 30–40 Minuten ziehen lassen wie Siedfleisch.
Den Spargel schälen. Die Spargelschalen mit Wasser bedecken und zum Kochen bringen. Etwas Salz, Pfeffer und Süßstoff zugeben und die Schalen mit dem Zitronensaft und 200 ml Weißwein für 2–3 Minuten ziehen lassen wie Tee. Die

Spargelschalen herausnehmen und den geschälten Spargel im Sud mit 1 Lorbeerblatt ca. 20 Minuten sanft köcheln lassen.
Den gekochten Spargel auf einem Universalhobel der Länge nach in etwa 3 mm dicke Streifen hobeln und auf einer Platte oder auf Tellern flach arrangieren.
Während Spargel und Fleisch garen, die restlichen Zwiebeln schälen und in feine Streifen schneiden, den Knoblauch schälen und pressen, den Bärlauch säubern und in Streifen schneiden. Die Champignons putzen und in Viertel schneiden. Die Tomate überbrühen, häuten, entkernen und würfeln.
Zwiebeln und Knoblauch in einem Topf glasig werden lassen, Bärlauch, Champignons und Tomaten zufügen, die abgebundene Gemüsebrühe und den restlichen Weißwein angießen und die Mischung 15 Minuten köcheln lassen. Abschmecken, das Gemüse herausnehmen, den Fond evtl. mit aufgelöstem Johannisbrotkernmehl abbinden, mit Kondensmilch verfeinern und mit Salz, Senf und Pfeffer abschmecken. Anschließend aufmixen und die Einlagen wie Zwiebeln, Champignons und Tomaten zurück in die Sauce geben.
Das Fleisch sehr dünn aufschneiden und auf dem Spargel anrichten. Die Sauce nochmals erhitzen und Spargel und Bäckle benetzen.

> **Tipp** Alternativ kann das Fleisch im Ofen zubereitet werden wie Roastbeef!

Currygeschnetzeltes vom Huhn mit Lauch und Sellerie

4 Hähnchenbrüste ohne Haut, Fett und Knochen

1 Messerspitze Johannisbrotkernmehl

2 Zwiebeln

2 Knoblauchzehen

1 TL Currypulver

250 ml Geflügelfond oder Geflügelbrühe (s. Basisrezept oder Instant-Produkt, mit Johannisbrotkernmehl gebunden)

125 ml Kondensmilch

Salz

Pfeffer aus der Mühle

1 EL frisch geriebener Ingwer

1/2 TL Korianderpulver oder 1/2 Bund frischer Koriander

1 Lorbeerblatt

etwas Zitronensaft

Süßstoff

1/2 mittelgroßer Lauch (ohne Wurzelansatz und Blattenden)

1/2 Staudensellerie

250 g weiße Champignons

etwas Sojasauce

125 ml Milch

nach Belieben etwas fein geschnittenes Zitronengras für die Garnitur

Die Hähnchenbrüste in 1 cm breite Streifen schneiden. Das Fleisch mit etwas Johannisbrotkernmehl bestäuben, in der Teflonpfanne medium anbraten, herausnehmen und beiseite stellen.
Für die Sauce 1 Zwiebel schälen und fein würfeln. Den Knoblauch schä-

len und fein schneiden. Die Zwiebelwürfel und die Hälfte des Knoblauchs mit dem Curry andünsten. Den Geflügelfond und die Kondensmilch angießen, mit Salz, Pfeffer, frischem Ingwer, Koriander, Lorbeer, Zitronensaft und Süßstoff abschmecken und 10 Minuten köcheln lassen. Die Sauce evtl. mit etwas Johannisbrotkernmehl eindicken, bis sie eine cremige Konsistenz bekommt. Das Lorbeerblatt entfernen und die Sauce gut aufmixen. Für das Gemüse die restliche Zwiebel schälen und fein würfeln.

Den Lauch der Länge nach halbieren, waschen und in feine Streifen schneiden. Sellerie putzen, waschen und die Stangen in feine Scheiben hobeln. Die Champignons putzen und vierteln. Die Zwiebelwürfel mit dem restlichen Knoblauch, dem Lauch, dem Sellerie und den Champignons in einem beschichteten Wok oder einer Teflonpfanne bei mittlerer Hitze anbraten, mit Salz, Pfeffer und etwas Sojasauce würzen und kräftig abschmecken. Als Kranz auf den Tellern anrichten.

Die eiskalte Milch aufschäumen und für die Garnitur in den Kühlschrank stellen.
Die Sauce kurz aufkochen, die Temperatur reduzieren und das Fleisch zugeben. Alles kurz ziehen lassen. Das Fleisch in den Gemüsekranz setzen und Gemüse und Fleisch mit der Sauce benetzen.

Tipp Besonders appetitlich sieht es aus, wenn das Geschnetzelte mit einem Häubchen aus Milchschaum und fein geschnittenem Zitronengras garniert wird.

Eingelegtes Salemertal-Lamm nach Kasseler Art an Essigschmelz

Kasselermarinade:

1 Knoblauchknolle

500 ml Hühner- oder Rinderbrühe

(s. Basisrezept oder Instant-Brühe)

30 g Pökelsalz

1 Thymianzweig

1 Rosmarinzweig

1 Lorbeerblatt

2 EL dunkler Essig (20 ml)

700-800 g Lammrücken am Knochen

Essigschmelz:

150 ml alter Essig vom Fass (z.B. Hagnauer Winzeressig)

Süßstoff

2 EL Quark

Den Ofen auf 220 °C vorheizen. Die äußerste Hautschicht der Knoblauchknolle entfernen und im vorgeheizten Ofen ca. 10 Minuten rösten.

Für die Marinade Hühner- oder Rinderbrühe mit Pökelsalz, Gewürzen, 1–2 EL dunklem Essig und der gerösteten Knoblauchknolle aufkochen und die Marinade anschließend kalt stellen. Das Lammfleisch mit einer dünnen Nähnadel rundum einstechen und 3–4 Tage in der kalten Marinade beizen.

Das Lamm aus der Marinade nehmen und trocken tupfen. Das trockene Lammfleisch in einer Teflonpfanne rundum anbraten und

für 8–10 Minuten im vorgeheizten Ofen bei 220 °C weitergaren.

Den Essig in einem Topf auf die Hälfte einkochen lassen, mit etwas Süßstoff, Salz und Pfeffer abschmecken und zum Schluss den Quark unterrühren

Tipp Als Beilage eignet sich hervorragend grüne Bohnen oder Lauch-Joghurt-Gemüse (S. 80).

Gefüllte Poulardenbrust mit Pilzen auf Blattspinat

500 g frischer oder tiefgekühlter Blattspinat

1 große Zwiebel

4 Knoblauchzehen

250 g braune Champignons oder
Austernpilze

300 ml Milch

Salz

Pfeffer aus der Mühle

1 Bund Estragon, fein geschnitten

2 EL Quark

1 Eiweiß

4 große Poulardenbrüste ohne Haut, Fett
und Knochen

250 ml Tomatensaft

1 Messerspitze Johannisbrotkernmehl

etwas Muskat

100 g gekochter Schinken

Den Ofen auf 200 °C vorheizen. Den Spinat putzen, blanchieren und ausdrücken, oder den Tiefkühlspinat auftauen und nach Packungsangabe dünsten.

Die Zwiebel und die Knoblauchzehen schälen und fein würfeln. Die Pilze putzen und ebenfalls klein schneiden. Die Pilze mit der Hälfte der Zwiebeln und des Knoblauchs anbraten, die Hälfte der Milch angießen und die Mischung cremig einkochen lassen. Mit Salz und Pfeffer würzen und abschmecken. Den fein geschnittenen Estragon, 1 EL Quark und das Eiweiß unter die Pilze mischen und alles gut vermengen.

In die Poulardenbrüste mit einem flachen, scharfen Messer große Taschen einschneiden und die Pilzmischung in die Taschen einfüllen. Die Taschen mit einem Zahnstocher gut verschließen. Das Fleisch in einer Pfanne mit Bratfolie von beiden Seiten anbraten und im vorgeheizten Ofen 10–12 Minuten weitergaren.

Die restlichen Zwiebelwürfel und den übrigen Knoblauch andünsten, den ausgedrückten Spinat zugeben, die restliche Milch und den Tomatensaft angießen und mit Salz, Pfeffer und Muskat würzen. Den gegarten Spinat mit etwas Johannisbrotkernmehl leicht sämig abbinden. Den gekochten Schinken würfeln und mit 1 EL Quark zum Spinat geben.

Nochmals abschmecken, den Spinat auf Tellern anrichten und die Poulardenstücke jeweils auf den Spinat setzen.

Tipp Wenn Sie mit Bratfolie arbeiten, füllen Sie etwas Wasser zwischen Pfanne und Folie. So brät das Fleisch gleichmäßiger an und bekommt eine schöne Farbe.

Truthahnröllchen auf gegrillter Paprika

8 Truthahnschnitzel à 80 g

2 Schalotten

Salz

Pfeffer aus der Mühle

1 Bund Petersilie, fein gehackt

8 Zweige Thymian, gezupft und
fein gehackt

8 Zahnstocher

250 ml Rotwein

250 ml Gemüsefond

4 Paprikaschoten (bunt)

Die Schnitzel mit einem breiten Messer sehr dünn plattieren.

Die Schalotten schälen und fein hacken. Das Fleisch mit Salz und Pfeffer würzen und die fein gehackten Kräuter darauf verteilen. Das Fleisch aufrollen und mit Zahnstochern fixieren. In einer Pfanne 10 Minuten anbraten. Nach etwa 5 Minuten die gehackten Schalotten zugeben, etwas anschwitzen, dann Rotwein und Brühe angießen. Das Fleisch fertig garen und warm stellen.

Die Paprikaschoten waschen, putzen, in Streifen schneiden und in einer Grillpfanne grillen, bis sie leicht Farbe angenommen haben. Mit Salz und Pfeffer abschmecken.

Die gegrillten Paprikastreifen auf 4 vorgewärmte Teller verteilen, die Truthahnröllchen schräg halbieren und auf dem Paprikagemüse anrichten.

Die Sauce etwas einkochen lassen, abschmecken und ringsum auf den Tellern verteilen.

Filetgulasch mit Balsamico und Rote Bete

2 Zwiebeln

1 Lorbeerblatt

1 Nelke

600 g Rote Bete

etwas Kümmel

120 ml Balsamico-Essig

etwas Süßstoff

600 g Rinderfiletwürfel von Spitze oder
Kopf (ca. 1 cm groß geschnitten)

1 Messerspitze Johannisbrotkernmehl

1 Knoblauchzehe

200 g kleine braune Champignons

125 ml Kondensmilch

1 EL Quark

125 g Joghurt

1 TL Löwensenf extra

1 Zweig Basilikum oder gehackter
Schnittlauch für die Garnitur

Eine Zwiebel mit Lorbeerblatt und Nelke spicken. Die Rote-Bete-Knollen waschen, schälen, grob würfeln und in reichlich Salzwasser mit etwas Kümmel, 1 Schuss Balsamico-Essig, Süßstoff und der gespickten Zwiebel weich kochen.

Die Filetwürfel waschen, mit etwas Küchenkrepp trocken tupfen, mit Johannisbrotkernmehl bestäuben und in einer Teflonpfanne 2 Minu-

ten scharf anbraten, damit sich die Poren schließen. Auf einer Platte abgedeckt warm stellen.

Die zweite Zwiebel schälen und fein würfeln. Den Knoblauch schälen, fein schneiden und pressen. Die Pilze putzen und achteln. Zwiebeln, Knoblauch und Pilze in der gleichen Pfanne wie das Fleisch kurz anbraten, mit dem restlichen Balsamico-Essig ablöschen und etwas einkochen lassen. Die Rote Bete, Kondensmilch, Quark und Joghurt in die Pfanne geben, alles kurz aufkochen lassen. Das Gemüse abgießen und die Soße auffangen. Die Sauce mit Fleischsaft abschmecken, die Konsistenz prüfen, nach Belieben mit Johannisbrotkernmehl abbinden und gut durchmixen.

Das Fleisch mit Roter Bete, Pilzen und Senf zu der Sauce geben, alles vorsichtig warm rühren (das Gericht darf nicht mehr kochen) und nochmals abschmecken. Anrichten und mit Schnittlauch oder Basilikum garnieren.

> **Tipps** Für dieses Gericht kann man alternativ alle butterzarten Fleischsorten verwenden, z.B. Rehrücken oder -keule, Filets von Lamm, Kalb oder Schwein und Geflügelbrust. Frische Rote Bete färbt! Beim Schneiden deshalb Handschuhe anziehen. Alternativ kann man auch ungezuckerte, bereits geschälte Fertigware verwenden.

Fasanenbrüstle im Parmawickel auf Kraut

500 g Sauerkraut

1 l Sauerkrautsaft

etwas Johannisbrotkernmehl

1 Apfel (Granny Smith)

2 mittelgroße Zwiebeln

1 große Zwiebel

2 Lorbeerblätter

2 Nelken

200 ml trockener Weißwein

2 Knoblauchzehen

etwas Süßstoff

Salz

Pfeffer aus der Mühle

200 ml Kaffeesahne

1 Knoblauchzehe

8 große Scheiben Parmaschinken, ohne Fett

etwas Salbei, fein geschnitten

4 Fasanenbrüste à 150 g ohne Haut und Sehnen

Den Ofen auf 200 °C vorheizen. Das Sauerkraut lauwarm waschen und ausdrücken. In den kalten Sauerkrautsaft nach Belieben eine Messerspitze Johannisbrotkernmehl einrühren, denn das macht die Sauce später etwas sämiger. Den Apfel schälen, entkernen und reiben. Die große Zwiebel schälen, in feine Streifen schneiden und glasig dünsten. Die anderen Zwiebeln mit Lorbeerblatt und Gewürznelken spicken.

Die geschmolzene Zwiebel mit dem Kraut, dem Saft, dem Weißwein, dem geriebenen Apfel, etwas Süßstoff, Salz, Pfeffer, Knoblauch und den gespickten Zwiebeln aufkochen und das Ganze im vorgeheizten Ofen im geschlossenen feuerfesten Topf 1 Stunde gar ziehen lassen.

Wenn das Kraut weich ist, nochmals abschmecken, nach Belieben mit etwas Johannisbrotkernmehl abbinden und mit der Kaffeesahne verfeinern. Das Kraut leicht warm halten.

Den Ofen auf 170 °C zurückschalten. Den Knoblauch schälen, fein schneiden und mit etwas Salz pressen.

Je 2 Scheiben Parmaschinken zu einer Fläche auslegen und Knoblauch und Salbei gleichmäßig darauf verteilen.

Die Fasanenbrüste leicht mit Johannisbrotkernmehl bestäuben und ungewürzt in einer Pfanne heiß anbraten, damit sich die Poren schließen. Die Fasanenbrüste in den vorbereiteten Parmaschinken wickeln, eine Pfanne mit Bratfolie auslegen und die eingewickelten Fasanenbrüste hinein setzen.

Das Ganze im vorgeheizten Ofen 14–16 Minuten garen. Das Fleisch herausnehmen, 5 Minuten abgedeckt ziehen lassen und auf dem Kraut anrichten.

> **Tipp** Eine besondere Note bekommt das Sauerkraut, wenn es vor dem Servieren mit frischem Schnittlauch und gemahlenem rosa Pfeffer verfeinert wird.

Perlhuhn-Zucchini-Gratin mit Tomate, Pilz und Harzer

2 mittelgroße Zucchini
250 g Austernpilze
2 feste kleine Strauchtomaten
2 Zwiebeln
4 Knoblauchzehen
150 g Harzer Käse
4 Perlhuhnbrüste ohne Fett, Haut und Knochen
etwas Johannisbrotkernmehl
Salz
Pfeffer aus der Mühle
250 ml Geflügelfond oder Gemüsefond, leicht gebunden
125 ml Kondensmilch
1 frische rote Chili oder 1 Prise Cayennepfeffer
1 TL Oregano oder Majoran
Muskat
3 EL Sojasauce oder Balsamico-Essig
etwas Pernod
1 TL Johannisbrotkernmehl
Milch nach Belieben

Den Ofen auf 250 °C vorheizen. Die Zucchini waschen und in 3 mm starke Scheiben hobeln.

Die Pilze putzen und in 1 cm starke Scheiben schneiden.

Die Tomaten waschen und in 5 mm dicke Scheiben schneiden. Die Zwiebeln schälen und in dünne Scheiben hobeln. Drei Knoblauchzehen schälen und fein hacken. Den Harzer Käse in 5 mm dicke Scheiben schneiden.

Die Perlhuhnbrüste leicht mit Johannisbrotkernmehl bestäuben, kurz in einer Pfanne anbraten und dann herausnehmen. Zucchini und Pilze getrennt kurz hellbraun anbraten und dann mit Salz und Pfeffer würzen.

Zwei Gratinformen mit je 1 l Volumen oder eine Form mit 2 l Volumen mit einer halbierten Knoblauchzehe ausreiben. Die Perlhuhnbrüste schräg in 1 cm dicke Scheiben schneiden. Die Gratinform in Reihen von Perlhuhnscheiben, Tomaten- und Zucchinischeiben und Pilzen auslegen.

Die Zwiebeln und den gehackten Knoblauch andünsten und mit etwas Wasser oder Milch einen Fond angießen. Die Kondensmilch zugeben und mit Salz, Pfeffer, Chili, Oregano, Muskat, Sojasauce und Pernod würzen. Alles aufkochen und abschmecken. Die Sauce soll eine cremige Konsistenz haben. Die Sauce durchmixen und über Fleisch und Gemüse gießen. Die Harzerscheiben darauf verteilen und das Gratin im vorgeheizten Ofen ca. 15–20 Minuten backen.

> **Tipp** Die Oberfläche des Gratins wird besonders schön, wenn man vor dem Backen noch etwas aufgeschäumte Milch über das Gratin gibt.

Lauwarme Kalbslende im Limonenschmelz mit Broccoli

350 ml Gemüsefond (Basisrezept oder
Instant-Produkt
Johannisbrotkernmehl
600 g Kalbsfilet am Stück oder vom Metzger in 5–7 mm dicke Scheiben geschnitten
500 g Broccoli
1 Fleischtomate oder 2 kleinere Tomaten
1 Knoblauchzehe
Saft und etwas Abrieb von 2 Limonen
etwas Süßstoff
1 kleiner Bund Basilikum oder Schnittlauch, fein geschnitten
Salz
Pfeffer aus der Mühle

Den Gemüsefond bei der Zubereitung mit etwas Johannisbrotkernmehl abbinden, bis er eine ölige Konsistenz hat.

Das Filet, wenn nötig, parieren, d.h. von Fett und Flechsen befreien, und in 5–7 mm dicke Scheiben schneiden.

Den Broccoli putzen, waschen und in einzelne Röschen zerteilen. Den Strunk schälen, der Länge nach halbieren und alles in etwas Salzwasser garen.

Die Tomate überbrühen, häuten, vierteln, entkernen und klein würfeln.

Das ungewürzte Fleisch in einer Teflonpfanne medium braten.

Die Knoblauchzehe halbieren und mit den Hälften 4 Teller ausreiben.

Das abgekühlte Fleisch flach darauf anrichten. Die Broccoliröschen jeweils am Tellerrand platzieren. Den Broccolistrunk fein hacken und mit den Tomatenwürfeln über das Fleisch streuen.

Den Gemüsefond nochmals erhitzen, mit Limonenabrieb, Limonensaft, etwas Süßstoff und dem Basilikum oder Schnittlauch leicht säuerlich abschmecken. Das Fleisch und den Broccoli mit Salz und Pfeffer würzen und alles mit der Marinade benetzen.

> **Tipp** Limonen sind kleine, dünnschalige und besonders würzige Zitronen, die nicht überall erhältlich sind. Alternativ eignen sich selbstverständlich auch herkömmliche unbehandelte Zitronen.

Hackbraten auf Südländersalat

2 Zwiebeln
2 Knoblauchzehen
300 g Rinderhack ohne Fett
300 g Schweinehack ohne Fett
1 kleiner Bund Petersilie, fein geschnitten
1 EL Quark
80 ml Kondensmilch
Salz
Pfeffer aus der Mühle
etwas Muskat
1 Prise Curry
1 Prise Paprikapulver
etwas Sojasauce
1 Eiweiß

Südländersalat (Rezept Seite 32) ohne Kresse und Kopfsalat zubereiten, lauwarm mit Dressing beträufeln und mit Kräutern nach Belieben garnieren.

Den Ofen auf 170 °C vorheizen. Die Zwiebeln schälen, fein hacken und abbrühen. Den Knoblauch schälen und mit etwas Salz pressen.

Hackfleisch mit Zwiebeln, Knoblauch, Petersilie, Quark, Kondensmilch und Gewürzen gut durchkneten und abschmecken. Das Eiweiß zu festem Schnee schlagen, unter das Fleisch heben, mit feuchten Händen einen Stollen formen und diesen auf ein Backblech mit Brat- oder Backpapier setzen. Im vorgeheizten Ofen auf der mittleren Schiene ca. 50–60 Minuten backen. Den Hackbraten anschließend 10 Minuten mit einer Alufolie abgedeckt ziehen lassen.

Den Südländersalat auf Tellern anrichten. Den Hackbraten mit einem Sägemesser aufschneiden und die Scheiben auf dem Salat verteilen.

> **Tipp** Zum Hackbraten kann man auch gut eine Tomatensauce (s. Basisrezept) servieren.

Lotte und Lammspieß mit Aioli auf Bohnen-Artischocken-Gemüse

400 g Lammrückenfilet ohne Haut und
Sehnen, in 12 Nüsschen à 35 g geschnitten

400 g Lotte-Filet, 8 Nüsschen à 80 g

1 Rosmarinzweig

500 ml Tomatensoße, leicht sämig
(s. Basisrezept)

6 Knoblauchzehen, fein gehackt

4 Tomaten

400 g grüne Bohnen

200 g Artischockenherzen (Konserve)

1 Zwiebel

1 Estragonzweig, gezupft und grob geschnitten

8 Spieße mit je 3 Lammstücken und
2 Lotte-Nüsschen vorbereiten.
Die Tomaten überbrühen, häuten,
vierteln, entkernen und würfeln.
Die Bohnen putzen, schräg in etwa
3 cm lange Stücke schneiden und in
etwas kochendem Salzwasser bissfest garen. Die Artischocken in kleine Stücke schneiden. Die Zwiebel
schälen und fein würfeln.
Die Spieße mit Salz, Pfeffer und Rosmarin würzen, mit Johannisbrotkernmehl bestäuben und in einer
Teflonpfanne bei mittlerer Hitze 6–
8 Minuten medium gar braten.
Die Tomatensauce mit Knoblauch
und Tomatenwürfeln vermengen
und mit etwas Cayennepfeffer abschmecken. Zwiebeln und Knoblauch andünsten, Bohnen und Artischocken zugeben. Etwas Tomatensauce angießen und erhitzen.
Mit Salz, Pfeffer, Muskat und Estragon kräftig abschmecken.
Die Spieße mit dem Gemüse anrichten und mit der Sauce beträufeln und umgießen.

> **Tipp** Die Holzspieße vor dem Ge-
> brauch kurz in Wasser einweichen,
> dann lässt sich das Fleisch nach
> dem Garen besser lösen.

Ossobucco von der Lammhaxe

800 g Lammhaxe (vom Metzger in 3 cm
dicke Beinscheiben geschnitten)

Salz

Pfeffer aus der Mühle

1 Zwiebel

2 Karotten

$1/2$ Stangensellerie

$1 1/2$ Knoblauchzehen

je 1 Zweig Rosmarin, Thymian, Salbei und
Majoran, gezupft und gehackt

1 Lorbeerblatt

1 EL Tomatenmark

250 g Tomatenwürfel aus der Dose

100 ml Weißwein

1 unbehandelte Zitrone

3 Zucchini

2 EL Petersilie, gehackt

Den Ofen auf 175 °C (Umluft) vorheizen. Die Beinscheiben mit Salz
und Pfeffer würzen und ohne
Fett in einer ofenfesten Schmor-
pfanne auf dem Herd rundum anbraten.
Die Zwiebel und die Karotten
schälen und in 1 cm große Würfel
schneiden. Den Sellerie waschen,
putzen und quer schneiden. 1 Knoblauchzehe schälen und feinblättrig
schneiden. Gemüse, Knoblauch, gehackte Kräuter und das Lorbeerblatt zum Fleisch geben und kurz
mit anbraten. Tomatenmark und
Dosentomaten zugeben und kurz
mitdünsten. Den Weißwein angießen.
Die Haxe eventuell mit etwas Flüssigkeit benetzen. Das Fleisch im
vorgeheizten Ofen etwa 75 Minuten weiterschmoren, bis es weich
ist. Mit Pfeffer aus der Mühle und
Salz abschmecken. Das Gemüse
bleibt als Einlage in der Sauce.
Während das Fleisch gart, die Schale der unbehandelten Zitrone abreiben, die halbe Knoblauchzehe
schälen und fein hacken. Zitronen-
abrieb, gehackte Petersilie und gehackten Knoblauch mischen und
kurz vor Ende der Schmorzeit über
die Haxe geben.
Die Zucchini schälen, waschen, in
Scheiben schneiden und in einer Teflonpfanne mit etwas Wasser gar
dünsten. Mit Salz und Pfeffer würzen.
Die Zucchinischeiben auf vorgewärmte Teller verteilen und die
Beinscheiben daneben anrichten.
Die Lammhaxen mit etwas Sauce
überziehen und servieren.

Rinderfilet mit Joghurt-Pfeffer-Sauce und Schnippelbohnen

4 Scheiben Rinderfilet à 160 g

500 g Joghurt

3 EL eingelegter grüner Pfeffer

Salz

Pfeffer aus der Mühle

600 g grüne Bohnen

1 Schalotte

1 Zweig Bohnenkraut, gehackt

etwas Weißwein

Den Ofen auf 175 °C vorheizen. Das Rinderfilet in einer feuerfesten Teflonpfanne von beiden Seiten anbraten. Anschließend etwa 8–10 Minuten im vorgeheizten Backofen weiterbraten, aus dem Rohr nehmen und kurz ruhen lassen.

Den Joghurt mit dem grünen Pfeffer, etwas Pfefferlake, Salz und Pfeffer aus der Mühle glatt rühren und abschmecken.

Die Bohnen putzen, waschen, in Streifen schneiden und in Salzwasser gar kochen.

In der Zwischenzeit die Schalotte schälen, fein hacken und mit dem gehackten Bohnenkraut in einer Sauteuse oder einem flachen Topf mit einem Schuss Weißwein glasig dünsten. Die fertig gegarten Bohnen dazugeben und mit Salz und Pfeffer abschmecken.

Bohnen und Fleisch auf einen Teller platzieren und die Joghurt-Pfeffer-Sauce dazu reichen.

Tipp Anstelle von Rinderfilet kann auch anderes zartes Fleisch wie Strauß, Schweinefilet, Rinder- oder Kalbsrücken verwendet werden.

Kalbsschnitzel mit Paprika-Zwiebel-Melange

2 Zwiebeln

2 rote Paprikaschoten

2 Knoblauchzehen

4 magere Kalbsschnitzel à 200 g von der Oberschale

1 TL Johannisbrotkernmehl

1 Thymianzweig

1 TL Tomatenmark

Süßstoff

etwas Weißwein

Salz und Pfeffer aus der Mühle

etwas Balsamico-Essig

100 ml Kondensmilch

1 EL Quark

Die Zwiebeln schälen und in etwa 3 mm starke Streifen schneiden.

Die Paprikaschoten waschen, vierteln, entkernen und ebenfalls in 3 mm starke Streifen schneiden. Den Knoblauch schälen und fein schneiden.

Die Kalbsschnitzel mit etwas Johannisbrotkernmehl bestäuben, in der Teflonpfanne 6–8 Minuten saftig braten und warm stellen. Den Fleischsaft auffangen und beiseite stellen.

Zwiebelstreifen, Knoblauch und Thymianblättchen in wenig Weiß-

wein andünsten, Tomatenmark und Paprikastreifen dazugeben und mit etwas Süßstoff glasieren. Mit Weißwein ablöschen und alles zusammen weich dünsten. Mit Salz

und Pfeffer würzen und mit etwas Balsamico-Essig abschmecken.
Die Sauce mit der Kondensmilch, dem Quark und dem Fleischsaft vollenden und abbinden, dabei

aber nicht mehr kochen lassen, sondern nur warm halten.
Die Schnitzel auf 4 Tellern anrichten, die heiße Sauce über das Fleisch geben und servieren.

Tipp Die gedünstete Paprika-Zwiebel-Melange passt auch sehr gut zu anderen Fleischgerichten.

Tessiner Steak mit Schinken und Harzer an Südländergemüse

8 Schweinesteaks à 100 g

4 Harzerrollen

120 g Tessiner- oder Parmaschinken

6 mittelgroße, reife Tomaten

1 mittelgroße Zwiebel

1 Bund Basilikum oder Origano, fein geschnitten

2 El Kondensmilch

1 kleine Aubergine

1 kleine Zucchini

2 farbige Paprikaschoten

2 mittelgroße Zwiebeln

4 Knoblauchzehen

500 ml Tomatensaft

Salz

Pfeffer aus der Mühle

Kräuter der Provence

1 Messerspitze Johannisbrotkernmehl

Den Ofen auf 220 °C vorheizen. Das Fleisch gründlich parieren, d.h. von Fett und Sehnen befreien. Den Käse in dicke Scheiben schneiden. Den Schinken vom Fett befreien und in dünne Streifen schneiden. Die Tomaten waschen und 2 davon in feine Scheiben schneiden.

Die Zwiebel schälen, in feine Streifen schneiden und diese in Salzwasser bissfest kochen.

Die Steaks 1 Minute kurz anbraten, würzen und auf einem mit Backpapier ausgelegten Backblech verteilen. Das Fleisch mit Zwiebel- und Schinkenstreifen bestreuen, mit den Tomatenscheiben belegen und mit Salz, Pfeffer und Basilikum würzen. Die Harzerscheiben auf die Tomaten setzen, mit Kondensmilch übergießen und im vorgeheizten Ofen ca. 10–12 Minuten braten.

Aubergine und Zucchini waschen und in 1 cm große Würfel schneiden. Paprikaschoten waschen, vierteln, entkernen und ebenfalls in 1 cm große Würfel schneiden. Die Zwiebeln schälen und klein würfeln. Den Knoblauch schälen und pressen.

Die restlichen 4 Tomaten vierteln, entkernen und passieren.

Die Zwiebelwürfel mit dem Tomatensaft und den passierten Tomaten andünsten. Knoblauch, etwas Salz, Pfeffer und Kräuter der Provence dazu geben und alles köcheln lassen. Bei Bedarf mit etwas Johannisbrotkernmehl abbinden. Das gewürfelte Gemüse in einer Teflonpfanne anbraten und zum Tomatenansatz geben. Das Gemüse etwa 15–20 Minuten bei niedriger Temperatur bissfest köcheln.

> **Tipp** Wenn man das Fleisch mit etwas Johannisbrotkernmehl bestäubt, löst es sich besser von der Pfanne.

Hamburger Hacksteak auf Schmorzucchini mit Zwiebeln

600 g Rinderhack ohne Fett

Salz und Pfeffer aus der Mühle

Muskat

200 g Quark

1 Bund Schnittlauch, gehackt

1 mittelgroße Zwiebel

3 mittelgroße Zucchini (ca. 500 g)

1 Messerspitze Johannisbrotkernmehl

500 g Tomatensauce (s. Basisrezept)

1 Bund Majoran oder Oregano, fein gehackt

Den Ofen auf 80 °C vorheizen. Hackfleisch mit Salz, Pfeffer, Muskat, Quark und Schnittlauch zu einem glatten Teig verrühren. 8 gleichmäßige Kugeln aus der Masse formen und diese in einer mit Bratfolie ausgelegten großen Pfan-ne (zwischen Pfanne und Bratfolie etwas Wasser geben) bei mittlerer Hitze ausbraten. Die Fleischkugeln etwas flachdrücken und von jeder Seite ca. 3–4 Minuten saftig braten. Die Hamburger herausnehmen und auf einer Platte zugedeckt im Ofen warm stellen. Den Bratensaft auffangen und beiseite stellen.

Zwiebel und Zucchini schälen, halbieren und in 2 mm breite Streifen bzw. Scheiben hobeln. Zwiebeln und Zucchini leicht mit Johannis-brotkernmehl bestäuben und in der gleichen Pfanne wie das Fleisch (ohne Papier) bei mittlerer Hitze kurz anbraten. Würzen und mit der Tomatensauce ablöschen. Das Gemüse etwa 8–10 Minuten leicht schmoren.

Das Gemüse abschmecken, den gehackten Majoran bzw. Oregano und etwas Fleischsaft dazugeben. Alles gut verrühren, nochmals abschmecken und über das warme Fleisch geben.

Pochierte Rinderlende im Meerrettichschmelz mit Rohkost

4 Rinderfiletsteaks à 180–200 g

750 ml Kalbs- oder Gemüsefond

1 Zweig Thymian

1 große Zwiebel

1 Knoblauchzehe

250 ml Milch

1 EL Meerrettich natur

Salz und Pfeffer aus der Mühle

1 TL Löwensenf, 1 Spritzer Zitronensaft

Muskat, etwas Süßstoff

6 mittelgroße Karotten

1 mittelgroßer weißer Rettich

1 großer Lauch

4 reife Tomaten

1 große grüne Paprikaschote

Das Fleisch ca. 1 Minute in einer Teflonpfanne scharf anbraten, damit sich die Poren schließen. In einem für die Steaks ausreichend großen Topf 500 ml des kräftig abgeschmeckten Kalbs- oder Gemüsefonds mit dem Thymian aufkochen. Das Fleisch einlegen und je nach Dicke und gewünschtem Gargrad des Fleisches 20–30 Minuten bei geringer Hitze ziehen lassen. Das Fleisch während der Garzeit mindestens einmal wenden. Die gegarten Steaks auf einer warmen Platte abgedeckt beiseite stellen.

Die Zwiebel schälen, halbieren, in feine Streifen schneiden und überbrühen. Den Knoblauch schälen und hacken. Zwiebelstreifen und Knoblauch andünsten, Milch und den restlichen, mit etwas Johannisbrotkernmehl abgebundenen Kalbs- oder Geflügelfond angießen, den Meerrettich zugeben und mit Salz und Pfeffer würzen. Die Sauce etwa 10 Minuten köcheln lassen und mit Senf, Zitrone, Salz, Pfeffer, Muskat und Süßstoff abschmecken. Die Sauce soll eine cremige Konsistenz haben, evtl. mit gelöstem Johannisbrotkernmehl abbinden.

Karotten und Rettich waschen, schälen und raspeln. Den Lauch halbieren, waschen und in feine Streifen schneiden. Die Tomaten waschen, halbieren und in Scheiben schneiden. Die Paprikaschote waschen, vierteln, entkernen und in dünne Streifen schneiden.

Das Fleisch kurz vor dem Anrichten nochmals in der heißen Brühe erwärmen. Die Sauce, falls nötig, ebenfalls nochmals erhitzen.

Das vorbereitete Rohkostgemüse à la nature in Häufchen auf den Tellern anrichten oder nach Geschmack mit Joghurt, Salz, Pfeffer und Zitronensaft verfeinern.

Je 1 Steak in die Mitte eines Rohkostsalates setzen und mit der cremigen Sauce überziehen.

Tipp Eine hübsche und köstliche Garnitur sind gehackter Schnittlauch und Koriander aus der Mühle.

Zürcher Kalbs-geschnetzeltes an Blumenkohlrösti

Rösti:

2 kleine Blumenkohlköpfe

1 kleine rote Paprikaschote

2 mittelgroße Zwiebeln

etwas Knoblauch

Salz und Pfeffer aus der Mühle

1 EL Rosmarin

2 Eiweiß

100 ml Kondensmilch

100 g geräucherter Schinken

1 Spritzer Zitronensaft

Cayennepfeffer

Geschnetzeltes:

600 g zartes Kalbfleisch zum Kurzbraten

(z.B. Oberschale, Hüfte, Rücken oder Filet)

1 Messerspitze Johannisbrotkernmehl

1 Prise Paprikapulver, 1 EL Quark

1 Zwiebel, 1 Knoblauchzehe

500 g kleine Champignons

50 ml Weißwein

125 ml Kondensmilch

250 ml Kalbsfond oder Gemüsefond, sämig

abgebunden

Saft von ½ Zitrone

Den Blumenkohl putzen und waschen. Den Strunk entfernen. Die Röschen zerkleinern.

Die Paprikaschote waschen, putzen, vierteln und in Streifen schneiden. Die Zwiebel schälen und vierteln. Die Schichten der Zwiebelviertel so auseinanderlösen, dass einzelne Schiffchen entstehen. Den Knoblauch schälen und fein hacken.

Blumenkohl, Paprika und Zwiebeln bei mittlerer Hitze in einer Teflonpfanne zunächst anbraten und dann auf kleiner Flamme vorsichtig weiterbräunen. Mit Salz, Pfeffer, Knoblauch und Rosmarin würzen und 10–12 Minuten mit etwas Wasser garen.

Kalbfleisch schnetzeln, mit Johannisbrotkernmehl leicht bestäuben, medium anbraten, mit Salz, Pfeffer und Paprika würzen, beiseite stellen und abgedeckt ziehen lassen und mit 1 EL Quark »trocken« binden.

Die Zwiebel schälen, fein würfeln und in etwas Wasser oder Weißwein weich dünsten. Den Knoblauch schälen und pressen. Die Champignons putzen und in feine Blättchen schneiden. Champignons, Knoblauch und Zwiebeln in einer Pfanne mit etwas Weißwein andünsten, würzen und mit Kondensmilch und Fond aufgießen. Etwa 6–8 Minuten einkochen lassen und abschmecken. Die Konsistenz soll cremig sein, d.h. gegebenenfalls den Sud mit etwas Johannisbrotkernmehl eindicken oder mit etwas Wein verdünnen.

Unterdessen das Eiweiß schaumig schlagen und den geräucherten Schinken in Würfel schneiden. Das Eiweiß, die Kondensmilch, den Schinken, den Saft der Zitrone sowie nach Belieben etwas Salz, Pfeffer und Cayennepfeffer zum Blumenkohl geben und alles vorsichtig vermengen. Die Masse in der Pfanne verteilen, vorsichtig anbraten und sanft vom Pfannenboden lö-

sen. Das Rösti wenden: Den Pfanneninhalt im Ganzen auf einen ausreichend großen Deckel oder Teller rutschen lassen, die Pfanne darauf setzen und die Masse wieder in die Pfanne stürzen. Von der zweiten Seite kurz anbraten lassen und auf einer runden Platte oder einem Teller anrichten.

Die Pilze aus der Sauce nehmen, die Sauce aufmixen, mit dem Bratensaft vom Fleisch nochmals aufkochen und gut durchmixen. Die Pilze wieder zufügen, alles kurz erhitzen und mit Zitronensaft abschmecken. Mit dem Rösti auf Tellern anrichten.

Kalbsfilet aus dem Steinpilzsud mit gebratenem Spargel

400 g Steinpilze

1 ¹/₂ kg weißer Spargel

Salz, etwas Süßstoff

¹/₂ Knoblauchzehe, geschält

Saft von 1 Zitrone

200 ml Weißwein

1 Lorbeerblatt

600 g Kalbsfilet

30 g getrocknete Steinpilze

500 ml Wasser

Thymian

Pfeffer aus der Mühle

1 Eiweiß

etwas Petersilie, fein gehackt

Die Pilze putzen und beiseite stellen. Den Spargel schälen. Die Spargelschalen in ca. 1 l leicht kochendem Wasser mit etwas Salz und Süßstoff, dem geschälten Knoblauch, der Hälfte des Zitronensafts und dem Weißwein für 2–3 Minuten ziehen lassen. Die Spargelschalen herausnehmen und den geschälten Spargel im Sud mit dem Lorbeerblatt 18–20 Minuten sanft köcheln lassen.

Unterdessen den Ofen auf 200 °C vorheizen. Das Filet von Sehnen, Haut und Fett befreien, und in vier gleich große Stücke teilen. Die Fleischabschnitte mit Thymian, etwas Salz, Pfeffer und den getrockneten Steinpilzen langsam im Wasser aufkochen und ca. ¹/₂ Stunde ziehen lassen. Den Pilzsud nochmals aufkochen, die Kalbsfiletstücke hineinlegen und bei geschlossenem Deckel ca. 15–20 Minuten ziehen lassen. Anschließend das Kalbsfilet wieder entnehmen und den Fond durch ein feines Sieb in eine Schüssel streichen.

Das Eiweiß leicht aufschlagen und etwas gehackte Petersilie unterziehen. Den Spargel aus dem Topf nehmen, auf ein Tuch legen, quer halbieren, durch die Eiweißmischung ziehen und portionsweise in einer Teflonpfanne leicht braun anbraten. Den gebratenen Spargel auf einer Platte arrangieren. Parallel ca. 300 g frische Steinpilze mit Thymian und ein paar Löffeln Pilzfond in einer Teflonpfanne anbraten. Mit Salz und Pfeffer abschmecken. Gebratenen Spargel und Steinpilze auf tiefen Tellern anrichten, die Kalbsfiletstücke in Scheiben schneiden auf dem Gemüse platzieren und alles leicht mit Fond übergießen. Die restlichen Steinpilze hobeln und zum Garnieren verwenden. Das Gericht nach Belieben mit frisch gehackter Petersilie vollenden.

Steak mit Grilltomaten

4 Rindersteaks à 200 g (Rinderrücken oder -hüfte)

1 Zwiebel

1 Knoblauchzehe

250 ml Tomatensaft

Salz und Pfeffer aus der Mühle

Cayennepfeffer

etwas Sojasauce

8 mittelgroße Tomaten

1 Bund Schnittlauch, fein geschnitten

Den Ofen auf 220 °C vorheizen. Das Fleisch gut parieren, d.h. von Fett und Flechsen befreien. Eine Pfanne mit Bratfolie auslegen, etwas Wasser zwischen Pfanne und Folie geben und das Steak bei mittlerer Hitze kurz anbraten. Das Fleisch danach je nach Dicke im vorgeheizten Ofen 8–12 Minuten in der mit Backpapier ausgelegten Fettpfanne medium braten. Die Steaks auf einer warmen Platte ca. 15 Minuten abgedeckt stehen und Saft ziehen lassen.

Die Zwiebel schälen, fein würfeln und in etwas Wasser weich dünsten. Den Knoblauch schälen und pressen. Knoblauch und Zwiebelwürfel in der gleichen Pfanne wie das Fleisch (ohne Folie) andünsten. Den Tomatensaft zugeben, mit Salz, Pfeffer, Cayennepfeffer und etwas Sojasauce würzen und abschmecken. Das Ganze um etwa ein Viertel einkochen lassen.

Die Tomaten waschen, quer halbieren, mit Salz und Pfeffer würzen und ca. 15 Minuten im Ofen in der Fettpfanne mit den Schnittflächen nach oben grillen. Auf Tellern anrichten und mit Sauce überziehen. Das Fleisch vor dem Servieren nochmals kurz im Ofen erwärmen und zu den Tomaten setzen. Mit Schnittlauch und gemahlenem schwarzem Pfeffer bestreuen.

Spinatgratin mit Pilz und Hack

1 kg frischer Spinat oder 750 g tief-
gefrorener Blattspinat

2 große Zwiebeln

3 Knoblauchzehen

1 kleine Dose geschälte Tomaten

Salz und Pfeffer aus der Mühle

etwas Muskat

250 g Quark

250 ml Milch

1 TL Tomatenmark

250 g Pilze nach Marktangebot (z.B.

braune oder weiße Champignons,

Austernpilze, Shiitakepilze)

250 g Rindertatar ohne Fett

je 1 TL Thymian und Majoran

200 ml Kondensmilch

Den Backofen auf 220 °C vorheizen. Frischen Spinat putzen, waschen, überbrühen, in kaltem Wasser abschrecken und ausdrücken oder tiefgefrorenen Spinat auftauen und ausdrücken.
1 Zwiebel schälen und fein würfeln. 1 Knoblauchzehe schälen und pressen. Zwiebelwürfel und Knoblauch in einer hochwandigen Teflonpfanne hell anbraten und mit etwas Saft von den Dosentomaten dünsten, bis sie weich sind. Den ausgedrückten Spinat dazugeben und großzügig mit Salz, Pfeffer und Muskat würzen. Die Zutaten gut verrühren, dann Quark und Milch dazugeben und alles nochmals gut vermengen. Spinatmischung erhitzen, gut abschmecken und in eine Gratinform füllen.

Die zweite Zwiebel schälen und fein würfeln. 2 Knoblauchzehen schälen und durch die Presse drücken. Die Pilze putzen und in Scheiben schneiden. Das Tomatenmark mit den Tomaten pürieren und das Püree passieren.

Zwiebeln, Knoblauch und Rindfleisch in einer Teflonpfanne bei mittlerer Hitze und unter ständigem Rühren anbraten, bis alles eine bräunliche Farbe hat. Fleisch und Zwiebeln herausnehmen und die Pilze ebenso anbraten. Dann das

Fleisch wieder dazugeben, alles miteinander vermengen und mit Salz, Pfeffer, Thymian und Majoran würzen.

Das Tomatenpüree und die Kondensmilch in die Pfanne geben, alles gut vermengen und bei mittlerer Hitze ca. 5 Minuten durchkochen lassen.

Nochmals abschmecken, die Masse auf den Spinat geben und das Gratin im vorgeheizten Ofen ca. 20–30 Minuten backen.

Tipp Servieren Sie dieses Gericht mit 1 EL Kräuterquark.

Hauptgerichte mit Fisch

Bonito mit Kruste auf Südländergemüse

Krustenmasse:

$^1/_2$ Peperoni

1 Knoblauchzehe

50 g Vollkornknäckebrot

120 g Quark

4 EL Kondensmilch

etwas Zitronensaft

1 Bund Basilikum, gezupft und geschnitten

Südländergemüse:

1 kleine Aubergine

1 kleine Zucchini

1 gelbe Paprika

1 rote Paprika

2 mittelgroße Zwiebeln

4 Knoblauchzehen

4 mittelgroße Tomaten

500 ml Tomatensaft

Kräuter der Provence

1 Messerspitze Johannisbrotkernmehl (kalt angerührt)

Fisch:

600 g Bonitofilet oder Schwertfisch in

4 Steaks à 150 g

Salz

Pfeffer aus der Mühle

etwas Knoblauch

etwas Zitronensaft

Außerdem

2 Tomaten für die Garnitur

Den Ofen auf 220 °C vorheizen. Peperoni entkernen, waschen und fein hacken. Knoblauch schälen und pressen. Das Knäckebrot sehr fein zerbröseln. Magerquark mit Knäckebrot, Kondensmilch, etwas Zitrone, Basilikumstreifen, Peperoni und Knoblauch glatt rühren und mit Salz und Pfeffer abschmecken. Beiseite stellen.

Aubergine und Zucchini waschen und in 1 cm große Würfel schneiden. Paprikaschoten waschen, vierteln, entkernen und ebenfalls in 1 cm große Würfel schneiden. Die Zwiebeln schälen und klein würfeln. Den Knoblauch schälen und pressen. Die Tomaten vierteln, entkernen und passieren.

Die Zwiebelwürfel mit dem Tomatensaft und den passierten Tomaten andünsten. Knoblauch, etwas Salz, Pfeffer und Kräuter der Provence dazugeben und alles leicht köcheln lassen. Das gewürfelte Gemüse in einer Teflonpfanne anbraten und zum Tomatenansatz geben. Das Gemüse etwa 15–20 Minuten bei niedriger Temperatur bissfest köcheln.

Das Fischfilet mit Pfeffer, Salz, Knoblauch und Zitrone würzen und in einer beschichteten Teflonpfanne anbraten oder dem Fisch auf dem Grill Farbe und Muster geben. Die vorbereitete Quarkmasse gleichmäßig auf den gegrillten Fischsteaks verteilen und diese im vorgeheizten Ofen 10 Minuten überbacken.

Für die Garnitur die Tomaten achteln und zum Gemüse geben, nochmals abschmecken und auf 4 Tellern anrichten. Den Fisch darauf platzieren und servieren.

Wokgemüse mit Thunfisch

480 g frischer Thunfisch

1 mittelgroße Zucchini

1 große Karotte

1 kleiner Chinakohl

2 farbige Paprikaschoten

1 mittelgroße Zwiebel

1 Kohlrabi

150 g Austernpilze oder Champignons

Sprossen oder Keimlinge nach Belieben

1 Knoblauchzehe

1 EL frischer Ingwer

Saft von 1 Zitrone

1 Prise Curry

100 g Joghurt

50 g Quark

Kräuter der Saison, gehackt

Den Fisch in mundgerechte Stücke schneiden. Das Gemüse waschen, putzen oder schälen und in Streif-chen oder Scheiben schneiden. Knoblauch und Ingwer schälen und fein hacken.

Das gesamte Gemüse in einer be-schichteten Teflonpfanne oder im Wok anbraten und mit zwei Holz-löffeln durchmengen. Alles mit Salz, Pfeffer, Knoblauch, Ingwer, Zi-tronensaft und Curry abschme-cken.

Nach 4–6 Minuten Fisch und Jo-ghurt und Quark unterheben. Alles kurz ziehen lassen, sodass der Fisch gut angegart ist. Auf vorgewärm-ten Tellern dekorativ anrichten und mit Kräutern der Saison gar-nieren.

Tipp Statt Thunfisch passen zum Wokgemüse auch sehr gut andere fettarme Fischsorten oder Rinderfi-let, Putenbrust oder Kalbsrücken. Dann berechnet man jeweils 150 g Fleisch pro Person.

Zanderklößchen mit Quark und Chili auf Gurkengemüse

320 g Flusszander (ohne Kopf und Gräten)

150 g Magerquark

$^1/_2$ TL Sambal Oelek oder $^1/_4$ kleine, rote Chilischote

Salz

Pfeffer aus der Mühle

etwas Zitronensaft

evtl. 1 Eiweiß

Gurkengemüse:

1 große Salatgurke

2 mittelgroße Zwiebeln

120 ml Milch

120 ml Kondensmilch

etwas Süßstoff

etwas Muskat

150 g Joghurt

etwas Schnittlauch oder Dill, gehackt

1 Messerspitze Johannisbrotkernmehl (kalt anrühren)

Das Zanderfleisch wahlweise im Fleischwolf zu Hack verarbeiten, mit dem Messer sehr fein hacken oder im Mixer zerkleinern. Quark, Kondensmilch, Sambal Oelek, etwas Salz, Pfeffer und Zitronensaft gründlich unter das Hack mengen und abschmecken. Falls die Masse zu trocken ist, ein Eiweiß unterrühren.

Die Gurke schälen, halbieren, die Kerne mit einem Löffel herauskrat-

zen und das Fleisch quer in etwa 3 mm starke Scheiben schneiden. Die Zwiebeln schälen, in Streifen schneiden und mit Salzwasser überbrühen.

In einem großen Topf kräftig gesalzenes Wasser zum Sieden bringen. Aus der Fischmasse mit einem Löffel 16 Klößchen abstechen und diese im Salzwasser 8–10 Minuten ziehen lassen.

Die Zwiebelstreifen mit einem Schuss Milch in einer Teflonpfanne 5 Minuten andünsten. Die Gurken zugeben und das Gemüse mit dem Rest der Milch, der Kondensmilch, etwas Salz, Pfeffer, wenig Süßstoff und Muskat weitere 5 Minuten einkochen lassen.

Die Gurken sollen bissfest bleiben. Eventuell mit gelöstem Johannisbrotkernmehl abbinden. Sobald die Sauce cremig ist, Joghurt und Schnittlauch oder Dill zum Gemüse geben. Einen Teil der gehackten Kräuter für die Garnitur beiseite stellen. Gemüse nochmals erhitzen und abschmecken.

Die fertigen Zandernocken mit einer Schaumkelle aus dem Wasser heben, abtropfen lassen und auf einer vorgewärmten Platte oder 4 Tellern anrichten. Das Gemüse um die Zanderklößchen arrangieren und die Klößchen mit Sauce benetzen. Mit Kräutern und Cayennepfeffer garnieren.

> **Tipp** Die Klößchen lassen sich ganz einfach abstechen, wenn man die Löffel zwischendurch unter kaltes Wasser hält.

Königsbarsch- roulade mit Shrimps auf Sauerkraut

Sauerkraut:

3 Zwiebeln (davon 1 große)

2 Lorbeerblätter

2 Nelken

500 g Sauerkraut

1 saurer Apfel (Granny Smith)

1 l Sauerkrautsaft

200 ml trockener Weißwein

2 Knoblauchzehen

etwas Süßstoff

Salz

Pfeffer aus der Mühle

etwas Johannisbrotkernmehl

200 ml Kaffeesahne

Königsbarschroulade:

600 g Königsbarschfilet

1 große Zwiebel

50 g getrocknete Tomaten ohne Öl

etwas Cayennepfeffer

Saft von 1 Zitrone

100 g geschälte Shrimps

1 Bund Schnittlauch, gehackt

Den Ofen auf 200 °C vorheizen. 1 große Zwiebel schälen, in Streifen schneiden und in der Teflonpfanne in etwas Wasser oder Weißwein glasig dünsten.
2 Zwiebeln schälen und mit je 1 Lorbeerblatt und 1 Nelke spicken.
Das Sauerkraut lauwarm waschen und ausdrücken.
Den Apfel schälen und das Fruchtfleisch reiben. Die gedünstete

Zwiebel mit dem Kraut, dem Saft, dem Weißwein, dem geriebenen Apfel, etwas Süßstoff, Salz, Pfeffer und den gespickten Zwiebeln in einem feuerfesten Topf aufkochen und im vorgeheizten Ofen abgedeckt eine Stunde gar ziehen lassen. Wenn das Kraut weich ist, nochmals abschmecken, die Sauce mit etwas Johannisbrotkernmehl abbinden und mit der Kaffeesahne verfeinern. Das Kraut warm stellen. Den Ofen auf 180 °C einstellen. Das Königsbarschfilet schräg in 5 mm dicke Scheiben schneiden und diese auf einer Alufolie von ca. 25 x 30 cm Größe leicht überlappend so auslegen, dass eine gleichmäßige Fläche entsteht.
1 große Zwiebel schälen, in Streifen schneiden und in etwas Wasser oder Weißwein kurz glasig dünsten. Die getrockneten Tomaten in feine Streifen schneiden. Den Fisch mit

Salz, Pfeffer, etwas Cayennepfeffer und Zitrone würzen. Die weichen Zwiebelstreifchen, die getrockneten Tomaten, die Shrimps und den Schnittlauch gleichmäßig auf dem Fisch verteilen, diesen vorsichtig wie eine Roulade zusammenrollen und in die Folie wickeln. Den Fisch in eine weitere Lage Alufolie einrollen und die Folie an den Seiten wie bei einem Bonbon zusammendrehen. Den Fisch im Wasserbad in einer Kasserolle im vorgeheizten Ofen 20 Minuten leicht köcheln lassen. Vorsichtig herausnehmen, kurz ruhen lassen, die Folie vorsichtig entfernen und den Fisch auf einem Brett mit einem sehr scharfen, nassen Messer oder einem Elektromesser in dicke Scheiben schneiden.
Das Kraut auf einer vorgewärmten Platte oder 4 vorgewärmten Tellern anrichten und die Rouladenscheiben darauf arrangieren.

Forellenknödel auf warmem Rettichsalat mit Endivien im Tomatenschäumle

Forellenknödel:

8 frische Forellenfilets

Salz

Pfeffer aus der Mühle

etwas Muskat

Saft von 1 Zitrone

60 g Quark

150 ml Kondensmilch

1 mittelgroße Zwiebel

1 Lorbeerblatt

1 Nelke

1 Schuss Essig

Rettichsalat:

1 Kopf Endiviensalat

500 g Rettich

4 Knoblauchzehen

1 mittelgroße Zwiebel

1 Schuss Weißwein nach Belieben

150 ml weißer Balsamico-Essig

1/2 TL Koriander, gemahlen

1 TL frischer geriebener Ingwer

150 ml Tomatensaft

50 ml Kondensmilch

evtl. 1 Messerspitze Johannisbrotkernmehl

150 g Joghurt

2 Bund Schnittlauch, gehackt

Die Forellenfilets (falls nötig) häuten und sehr fein hacken. Das Forellenhack mit einem Holzlöffel mit Salz, Pfeffer, Muskat und Zitronen-saft vermengen, Quark und Kondensmilch unterrühren und alles zu einer kompakten Masse verarbeiten.

Die Zwiebel schälen und mit dem Lorbeerblatt und der Nelke spicken. In einem großen Topf reichlich Wasser zum Sieden bringen und etwas Salz, Essig und die gespickte Zwiebel hinein geben. Aus der Forellenmasse gleichmäßige, „hühnereigroße" Knödel formen und diese in dem siedenden Wasser in 10–15 Minuten gar ziehen lassen.

Den Endiviensalat putzen, lauwarm waschen und in feine Streifen schneiden. Den Rettich schälen und fein reiben. Die Knoblauchzehen schälen und zerdrücken. Die Zwiebel schälen und fein schneiden. Zwiebel und Knoblauch mit einem Schuss Weißwein oder Wasser in einer Teflonpfanne weich dünsten. Den Rettich dazugeben, kurz mitdünsten, mit weißem Balsamico-Essig ablöschen und mit Salz, Pfeffer, Koriander und Ingwer 10 Minuten einkochen lassen. Das Gemüse vom Herd nehmen und 30 Minuten ziehen lassen.

Den Tomatensaft gut mit der Kondensmilch verrühren und erhitzen, eventuell mit etwas Johannisbrotkernmehl abbinden und gut aufmixen. Wenn das Gemüse gezogen ist, den Joghurt unterrühren und alles abschmecken. Zuletzt den fein geschnittenen Endiviensalat und den Schnittlauch unter das Rettichgemüse heben.

Das Gemüse ohne Fond auf 4 vorgewärmten Tellern anrichten und die heißen Knödel darauf arrangieren. Knödel mit der Tomatensahne beträufeln und umgießen.

> **Tipp** Man kann dieses Gericht sehr schön mit etwas Milchschaum verzieren.

Zander im Parmawickel auf Zwiebelsauce mit Bohnengemüse

600 g Zanderfilet

8 Scheiben Parmaschinken

480 g grüne Bohnen

6 mittelgroße Zwiebeln

1 Knoblauchzehe

1,5 l Gemüsebrühe (s. Basisrezept oder Instant-Brühe)

1 EL Tomatenmark

100 ml trockener Rotwein

etwas Paprikapulver

Salz

Pfeffer aus der Mühle

etwas Rosmarin, gehackt

etwas Bohnenkraut, gehackt

Süßstoff

1 Messerspitze Johannisbrotkernmehl

Den Ofen auf 200 °C vorheizen. Das Zanderfilet (falls nötig) häuten, in gleichgroße Stücke schneiden und beiseite stellen. Den Parmaschinken vom Fett befreien.

Die Bohnen putzen, waschen, in gleich große Stücke schneiden, in reichlich Salzwasser kochen und

mit Eiswasser abschrecken. 2 Zwiebeln schälen und in feine Würfel schneiden. Die 4 restlichen Zwiebeln schälen, halbieren und in feine Streifen schneiden. Den Knoblauch schälen und fein hacken.

Die rohen Zwiebelstreifen in wenig Gemüsebrühe in einer hohen Pfanne andünsten. Wenn die Flüssigkeit fast eingekocht ist, das Tomatenmark zugeben, leicht anrösten, mit dem Rotwein löschen und die Flüssigkeit bei geringer Hitze nach und nach einkochen lassen. Mit Paprikapulver, Salz, Pfeffer, Rosmarin, et-

was Süßstoff und Knoblauch würzen, die restliche Gemüsebrühe zugeben und alles ein paar Minuten köcheln lassen. Die Flüssigkeit durch ein Sieb abgießen und in einem Gefäß auffangen. Die Zwiebeln beiseite stellen. Die Flüssigkeit mit etwas Johannisbrotkernmehl abbinden und aufmixen. Wenn die Sauce glatt gemixt ist, die Zwiebelstreifen wieder unterrühren und die Sauce warm stellen.

Den Zander mit Zitronensaft und Pfeffer würzen. Auf je einer Schinkenscheibe die gleiche Menge

Fischstückchen verteilen und den Schinken darüberfalten. Die Wickel in eine feuerfeste, mit Backpapier ausgelegte Pfanne setzen und ca. 7–9 Minuten im Ofen garen.

Die gewürfelten Zwiebeln mit etwas Wasser weich dünsten und die Bohnen dazu geben. Mit Salz, Pfeffer, Knoblauch und etwas Bohnenkraut würzen.

Die Parmawickel vorsichtig aus der Pfanne heben und auf vier Teller setzen. Das Gemüse neben die Wickel platzieren und alles mit der Zwiebelsauce angießen.

Cordon Bleu vom Kaiserbarsch mit Schinken und Harzer in Schnittlauch auf Zucchiniragout

480 g Kaiserbarschfilet

Salz, Pfeffer aus der Mühle

Saft von 1/2 Zitrone

100 g gekochter Schinken

100 g Harzerkäse

2 Eiweiß

3 Bund Schnittlauch, fein geschnitten

3 mittelgroße Zwiebeln

400 g Zucchini

125 ml Kondensmilch, 50 g Joghurt

1/2 TL frischen Koriander (gehackt)

etwas weißer Balsamico-Essig

50 g Quark

etwas Johannisbrotkernmehl

1 Knoblauchzehe, gepresst

Den Ofen auf 220 °C vorheizen. Den Kaiserbarsch in 8 gleichgroße Stücke schneiden und mit Salz, Pfeffer und Zitronensaft würzen. Den Schinken und den Käse fein würfeln. Auf vier Fischstücke die Schinken- und Käsewürfel verteilen, die anderen vier mit Eiweiß bestreichen und darauf legen, die Seiten dabei leicht andrücken. Den Fisch von außen nochmals mit Eiweiß einpinseln, den geschnittenen Schnittlauch auf eine Platte geben und die gefüllten Fische darin wenden. Den Fisch auf ein Backblech legen und kurz beiseite stellen.

Die Zwiebeln schälen und in feine Streifen schneiden. Die Zucchini waschen und in etwa 1 cm starke Scheiben schneiden. Die Zwiebeln in wenig Wasser andünsten, die

Zucchini zugeben und kurz mitdünsten. Dann die Kondensmilch und den Joghurt unterrühren und mit Salz, Koriander und etwas Balsamico-Essig würzen. Wenn die

Zucchinischeiben weich sind, alles in ein Sieb gießen und dabei die Flüssigkeit auffangen.

Den aufgefangenen Fond in einem Topf köcheln lassen, mit etwas Jo- hannisbrotkernmehl abbinden, den Quark und den gepressten Knob- lauch dazugeben und alles aufmi- xen. Die Zucchini zugeben und warm halten. Den Fisch im vorge- heizten Ofen ca. 5–7 Minuten ga- ren. Das Gemüse auf 4 vorgewärm- ten Tellern anrichten und das ferti- ge Kaiserbarsch-Cordon-Bleu dar- auf platzieren.

Felchen aus dem Kräuterdampf mit Broccoliragout auf Tomate

3 Köpfe Broccoli

4 Tomaten

8 Felchenfilets

Salz

Pfeffer aus der Mühle

etwas Zitronensaft

je 1 EL frischer Thymian, Kerbel und Basilikum, gehackt

150 ml Tomatensauce (s. Basisrezept)

Den Ofen auf 180 °C vorheizen. Den Broccoli putzen, waschen und in gleichgroße Röschen schneiden. Die Broccoliröschen in sprudelndem Salzwasser gar kochen, herausnehmen, mit kaltem Wasser abschrecken und beiseite stellen.

Die Tomaten überbrühen, häuten, entkernen und würfeln.

Die Felchenfilets auf mit Backpapier ausgelegtes Blech setzen, etwas Wasser angießen und den Fisch mit Salz, Pfeffer und Zitronensaft würzen. Das Ganze für ca. 4–5 Minuten im vorgeheizten Ofen garen. Danach die frischen Kräuter darüber geben, alles mit einer Folie abdecken und kurz ziehen lassen.

Den Broccoli nochmals in wenig Wasser erhitzen.

Die Tomatensauce erwärmen und als Spiegel auf 4 vorgewärmte Teller gießen. Kurz vor dem Anrichten die Tomatenwürfel zum Broccoli geben. Fisch und Gemüse auf den vorbereiteten Tellern platzieren.

Felchen in der Folie mit Wurzelgemüse

1 kleiner Kohlrabi

¹/₂ Lauch, 1 große Karotte

¹/₄ Knollensellerie

80 g Blattspinat

8 Felchenfilets

Salz, Pfeffer aus der Mühle

1 Knoblauchzehe, gepresst

1 TL Zitronensaft

etwas Sojasauce

200 g Quark

Den Ofen auf 220 °C vorheizen. Kohlrabi, Lauch, Karotte, Sellerie und Spinat schälen bzw. waschen und in feine Streifen schneiden. Die Gemüsestreifen kurz in siedendem Wasser kochen, in kaltem Wasser abschrecken und in einem Sieb gut abtropfen lassen.

Die Felchenfilets mit Salz und Pfeffer würzen.

Die Gemüsestreifen in einer Pfanne kurz anbraten, mit Salz, Pfeffer, Knoblauch, Zitronensaft und Sojasauce abschmecken und den Quark unterrühren.

Vier nicht zu kleine Stücke Alufolie vorbereiten. Das Gemüse auf die Folienstücke verteilen, je 2 Felchenfilets darauf legen, die Alufolie zusammenfalten und oben gut verschließen. Die Fisch-Päckchen in eine Pfanne setzen und im vorgeheizten Ofen ungefähr 8 Minuten garen.

Das Wurzelgemüse auf Tellern verteilen. Die Fisch-Gemüse-Päckchen aus dem Ofen heben und in der Folie neben das Gemüse setzen. Vor dem Servieren die Päckchen öffnen und die Folie an den Rändern wie ein Schälchen hübsch aufklappen.

Geschnetzelter Steinbeißer mit Gemüseragout

600 g Steinbeißerfilet

½ Fenchel

5 Stangen Staudensellerie

1 kleine Zucchini

1 große Karotte

1 kleiner Kohlrabi

1 mittelgroße Zwiebel

Salz

Pfeffer aus der Mühle

1 EL Zitronensaft

1 Zweig Thymian

100 ml Milch

50 ml Kondensmilch

100 ml Gemüsefond (s. Basisrezept oder

Instant-Fertigprodukt)

etwas Johannisbrotkernmehl

1 Knoblauchzehe

1 Bund Schnittlauch, gehackt

50 g Quark

Das Steinbeißerfilet in 2 cm große Würfel schneiden und beiseite stellen.

Fenchel, Sellerie, Zucchini, Karotte, Kohlrabi und Zwiebel waschen bzw. schälen, in 1 cm große Würfel oder Scheiben schneiden und in wenig Wasser weich kochen.

Die Steinbeißerwürfel in eine Pfanne geben, mit etwas Kochwasser vom Gemüse andünsten und mit Salz, Pfeffer, Zitronensaft und Thymian würzen. Den Fisch in ein Sieb gießen und den Fond auffangen. Den Fisch auf einen Teller geben, abdecken und beiseite stellen.

Den Fond in einem Topf leicht einkochen lassen. Milch, Kondensmilch und Gemüsefond zugeben und alles ca. 5 Minuten köcheln lassen. Die Sauce mit etwas Johannisbrotkernmehl abbinden, aufmixen und gegebenenfalls nochmals abschmecken.

Die Gemüsewürfel in die Sauce geben und alles kurz aufkochen. Schnittlauch und Quark unterrühren.

Fisch und Gemüse auf 4 vorgewärmten Tellern anrichten.

Forellenfilets »blau« mit Meerrettichsauce und Lauchzwiebeln

4 Bund Lauchzwiebeln

2 Zwiebeln

1 Knoblauchzehe

8 ganz frische Forellenfilets (mit Haut)

Salz

Pfeffer aus der Mühle

Saft von ½ Zitrone

etwas Balsamico-Essig

1 Lorbeerblatt

1 Zweig Thymian

100 ml Gemüsebrühe

150 ml Milch

50 ml Kondensmilch

100 g Joghurt

etwas Johannisbrotkernmehl

etwas Süßstoff

50 g Quark

2 EL Meerrettich

Die Lauchzwiebeln putzen, unzerkleinert in etwas sprudelndem Salzwasser weich kochen, mit Eiswasser abschrecken und beiseite stellen. Das Blattgrün der Lauchzwiebeln abschneiden und beiseite stellen.

Die Zwiebeln schälen, würfeln und in etwas Wasser weich dünsten. Den Knoblauch schälen und sehr fein schneiden.

Die Forellenfilets mit Salz, Pfeffer, etwas Zitronensaft, Knoblauch und einem Schuss Essig würzen, in einen Topf geben und knapp mit Wasser bedecken. Lorbeer und Thymian zufügen. Den Fisch bei ca. 75 °C 3 Minuten ziehen lassen. Den Fisch aus dem Sud nehmen, abdecken und warm stellen.

Die Zwiebeln und die Gemüsebrühe zum Sud geben und die Flüssigkeit um die Hälfte einkochen lassen. Milch, Kondensmilch und Joghurt zufügen und die Sauce leicht weiterköcheln lassen. Lorbeer und Thymian entnehmen, die Flüssigkeit mit Johannisbrotkernmehl abbinden, kurz aufmixen und mit Salz, Pfeffer, Zitronensaft und etwas Süßstoff abschmecken. Quark und Meerrettich unterrühren.

Das Blattgrün der Lauchzwiebelstangen mit einer Gabel der Länge nach einritzen und in einem Teil der Meerrettichsauce erwärmen. Forellenfilets und Lauchgemüse auf 4 vorgewärmten Tellern anrichten und mit der Sauce umgießen.

Forellenfilets gebraten in Tomatenconfit mit grünem Spargel

480 g grüner Spargel

8 Tomaten

2 Zwiebeln

1 Knoblauchzehe

8 Forellenfilets mit Haut

Salz

Pfeffer aus der Mühle

etwas Zitronensaft

etwas Johannisbrotkernmehl

200 ml Tomatensauce (s. Basisrezept)

1 TL Thymian, gehackt

1 TL Rosmarin, gehackt

etwas Süßstoff

Den Spargel putzen, in Salzwasser weich kochen, mit Eiswasser abschrecken und beiseite stellen.

Die Tomaten überbrühen, häuten, entkernen und würfeln.

Die Zwiebeln schälen und würfeln. Den Knoblauch schälen und fein schneiden.

Die Forellenfilets mit Salz, Pfeffer und Zitronensaft würzen, mit Johannisbrotkernmehl bestäuben, in einer Teflonpfanne auf beiden Seiten anbraten und warm halten.

Die Zwiebelwürfel in etwas Wasser andünsten, die Tomatenwürfel dazu geben und mit Salz, Pfeffer, Rosmarin, Thymian, Knoblauch und etwas Süßstoff würzen. Die Toma-tensauce angießen und alles einmal aufkochen lassen.

Den Spargel nochmals in wenig Wasser erhitzen und mit Salz und Pfeffer würzen.

Den Fisch auf vorgewärmten Tellern anrichten, den Spargel dazu platzieren und beides mit der Sauce überziehen.

Kabeljau mit Schmorfenchel und Lorbeer

12 mittelgroße Zwiebeln

1 Stange Staudensellerie

1 Karotte

1 Lauch (ohne Wurzelansatz und Blattenden)

1 Knoblauchzehe

100 ml trockener Weißwein

1 Lorbeerblatt

1 Nelke

etwas Thymian

Salz

Pfeffer aus der Mühle

etwas Muskat

300 ml Gemüsefond oder Wasser (s. Basisrezept oder Instant-Fertigprodukt)

2 mittelgroße Fenchelknollen

600 g Kabeljaufilet

etwas Johannisbrotkernmehl

100 g Quark

Den Ofen auf 220 °C vorheizen. Zwiebeln, Sellerie, Karotte und Lauch schälen, putzen, waschen und in grobe Würfel schneiden. Die Knoblauchzehe schälen und fein schneiden.

Die Zwiebeln in einem feuerfesten Topf in wenig Wasser andünsten. Sellerie, Lauch und Karotte zugeben und ca. 5 Minuten mitdünsten. Das Gemüse mit Weißwein ablöschen und Lorbeerblatt, Nelke, etwas Thymian, Knoblauch, Salz, Pfeffer und etwas Muskat dazugeben. Mit dem Gemüsefond auffüllen und alles aufkochen. Den Fenchel halbieren, den Strunk herausschneiden, die Fenchelhälften in den Gemüsefond geben und einmal aufkochen lassen.

Das Gemüse ca. 30 Minuten abgedeckt im vorgeheizten Ofen schmoren. Wenn der Fenchel weich ist, 4 EL von dem Fond abpassieren und in eine Pfanne geben. Den Fisch zugeben, mit Salz, Pfeffer und Zitronensaft würzen und im Gemüsefond garen.

Den Fenchel aus dem Gemüsefond heben und warm stellen.

Den restlichen Fond um die Hälfte einkochen lassen. Den Fond abpassieren, aufmixen und evtl. mit etwas Johannisbrotkernmehl abbinden. Den Quark unterziehen. Achtung: Der Fond sollte nicht mehr kochen, da die Sauce sonst gerinnt. Den gegarten Fisch und den Fenchel auf 4 vorgewärmten Tellern anrichten und die Sauce über den geschmorten Fenchel geben.

Kretzer vom Backblech mit Schinken und Ratatouille

Je 1 rote, gelbe und grüne Paprikaschote

1 kleine Zucchini

1 kleine Aubergine

2 Tomaten

2 Zwiebeln

1 Knoblauchzehe

1/2 TL Rosmarin

1/2 TL Thymian oder Kräuter der Provence

Salz und Pfeffer aus der Mühle

1 EL Tomatenmark

150 ml Tomatensaft

etwas dunkler Balsamico-Essig

etwas Süßstoff

500 g Kretzerfilet

2 Eiweiß

240 g gekochter Schinken

etwas Zitronensaft

1 EL Johannisbrotkernmehl

Den Ofen auf 220 °C vorheizen. Paprika, Zucchini, Aubergine, Tomaten und Zwiebeln waschen oder schälen und in 2 cm große Würfel schneiden. Den Knoblauch schälen und fein schneiden.

Die roten und gelben Paprika in etwas Wasser andünsten, die Zwiebeln zugeben und kurz mitdünsten. Mit Rosmarin, Thymian, Knoblauch, Salz und Pfeffer würzen und das Tomatenmark unterrühren. Die grüne Paprika zugeben und mit dem Tomatensaft aufgießen. Kurz bevor die Paprikawürfel gar sind, die Zucchini und die Aubergine zufügen und alles fertig garen. Zum Schluss etwas Balsamico-Essig und nach Belieben etwas Süßstoff unterrühren.

Den Kretzer in 4 gleichgroße Stücke schneiden. Den Schinken sehr fein würfeln. Das Eiweiß leicht aufschlagen. Den Fisch mit Salz, Pfeffer und Zitronensaft würzen, mit Johannisbrotkernmehl bestäuben, durch das angeschlagene Eiweiß ziehen und mit den Schinkenwürfeln panieren. Den Fisch auf ein mit Backpapier ausgelegtes Backblech setzen und im vorgeheizten Backofen ca. 3–4 Minuten garen. Gemüse und Fisch auf 4 vorgewärmten Tellern anrichten.

Sandwich von der Forelle auf Rahmspinat und Hüttenkäse

400 g Spinat

1 große Zwiebel

1 Knoblauchzehe

8 Forellenfilets ohne Haut

Salz

Pfeffer aus der Mühle

etwas Zitronensaft

200 g Hüttenkäse

1 Bund Schnittlauch, fein geschnitten

etwas weißer Balsamico-Essig

75 ml Milch

75 ml Kondensmilch

1 Messerspitze Johannisbrotkernmehl

50 g Quark

etwas Muskat

Den Ofen auf 220 °C vorheizen. Den Spinat putzen, waschen, blanchieren und gut ausdrücken.

Die Zwiebel schälen, fein würfeln und in wenig kochendem Wasser weich kochen. Den Knoblauch schälen und fein schneiden.

Die Forellenfilets mit Salz, Pfeffer und Zitronensaft würzen.

Den Hüttenkäse mit Zwiebeln und Schnittlauch vermengen und mit Salz, Pfeffer, Knoblauch und Balsamico-Essig abschmecken. Die Hüttenkäse-Mischung auf 4 Fischfilets verteilen, die anderen 4 Filets darauf legen und leicht andrücken. Den Fisch auf einem mit Backpapier ausgelegten Backblech im vorgeheizten Ofen ca. 4–5 Minuten garen.

Den Spinat in einen Topf geben, Milch und Kondensmilch zugeben und kurz köcheln lassen. Die Flüssigkeit durch ein Sieb abgießen, auffangen, mit Johannisbrotkernmehl abbinden und durchmixen. Den Quark unter den Spinat rühren und nochmals erhitzen, aber nicht mehr kochen. Mit Salz, Muskat und Balsamico abschmecken.

Fisch und Spinat auf 4 vorgewärmten Tellern anrichten und die Sauce angießen.

Zanderfilet auf Chiligemüse

2 Chilischoten

2 Schalotten

1 Knoblauchzehe

1 großer Lauch

4 Karotten

1 kleine Sellerieknolle

1/2 Weißkohl

600 g frisches Zanderfilet

250 ml Brühe

etwa 100 ml ungesüßte Sojasauce

Saft von 1/2 Zitrone

Salz

etwas Süßstoff

etwas Ingwerpulver

Die Chilischoten halbieren, die Kerne entfernen und das Fleisch sehr fein schneiden. Schalotten und Knoblauch schälen und ebenfalls fein schneiden. Lauch, Karotten, Sellerie und Weißkohl putzen, waschen oder schälen und in feine Streifen schneiden oder hobeln.

Das Zanderfilet in 4 Portionen teilen und in einer mit Bratpapier ausgelegten Pfanne ca. 5 Minuten gar braten. Den Fisch aus der Pfanne nehmen, zudecken und warm stellen.

Knoblauchzehe, Chilischoten und Schalotten in derselben Pfanne ohne Folie kurz anbraten, das Gemüse hinzufügen, die Brühe angießen und alles ca. 10 Minuten al dente ziehen lassen. Die Sojasauce, etwas Zitronensaft, Süßstoff, Ingwerpulver und Salz zufügen.

Das Gemüse kurz durchschwenken, abschmecken und auf 4 Teller verteilen. Die Zanderfilets darauf anrichten und servieren.

Seezunge aus dem Ofen an Currysauce mit Mangold

480 g Mangold

2 Zwiebeln

1 Knoblauchzehe

4 gleich große Seezungen ohne Flossen

Salz

Pfeffer aus der Mühle

etwas Zitronensaft

2 EL Johannisbrotkernmehl

30 g Curry

1 EL frischer geriebener Ingwer

150 ml Milch

etwas Sojasauce

100 g Quark

Den Ofen auf 220 °C vorheizen. Den Mangold waschen, putzen (evtl. holzige Stücke entfernen) und in gleichmäßige Stücke schneiden. Den Mangold in wenig Wasser weich kochen, mit Eiswasser abschrecken und gut abtropfen lassen. Die Zwiebeln schälen und fein würfeln. Den Knoblauch schälen und fein schneiden.

Die Seezungen mit Salz, Pfeffer und Zitronensaft würzen, mit Johannisbrotkernmehl bestäuben und auf ein Backblech mit Backpapier legen. Die Fische ca. 12 Minuten im Ofen garen und nach der Hälfte der Garzeit wenden.

Die Zwiebeln in etwas Wasser weich dünsten. Wenn die Flüssigkeit fast eingekocht ist, Curry, Ingwer und Knoblauch dazugeben und mitdünsten lassen. Die Milch angießen und ca. 1 Minute köcheln lassen. Die Sauce mit Sojasauce, Salz und Pfeffer abschmecken, mit Johannisbrotkernmehl abbinden und aufmixen. Den Quark unterrühren, die Mangoldstücke zugeben und Sauce und Mangoldgemüse nochmals erwärmen.

Den Mangold in der Mitte von 4 vorgewärmten Tellern platzieren, die Fischfilets darauf setzen und servieren.

Seezungenröllchen mit Gambas auf Kohlrabi-Rucola-Gemüse

480 g Kohlrabi

1 Knoblauchzehe

100 ml Kondensmilch

Salz

Pfeffer aus der Mühle

1 Messerspitze Johannisbrotkernmehl

2 ganze Seezungen ohne Haut und
Mittelgräte oder 8 Filets

etwas Zitronensaft

1 EL Tomatenmark

8 Gambas ohne Panzer und Darm

120 g Rucola

100 g Quark

1 EL frischer Koriander, gehackt

Den Ofen auf 220 °C vorheizen. Den Kohlrabi schälen und in 2 cm große Würfel schneiden. Den Knoblauch schälen und fein schneiden.

Die Kohlrabiwürfel in Salzwasser weich kochen, in Eiswasser abschrecken und beiseite stellen.

Etwa 100 ml von dem Kochwasser auf die Hälfte einkochen, die Kondensmilch dazu geben und alles ein wenig weiterköcheln lassen. Die Flüssigkeit mit Salz, Pfeffer und Knoblauch abschmecken, mit Johannisbrotkernmehl abbinden und kurz aufmixen. Die Sauce beiseite stellen und warm halten.

Die Seezungenfilets auf der Hautseite mit Salz, Pfeffer und Zitronensaft würzen, mit dem Toma-

tenmark bestreichen und den frischen Koriander darauf verteilen. Die Gambas auf die Filets legen, die Filets zusammenrollen und mit einem Zahnstocher in der Mitte so befestigen, dass beim Garen nichts auseinander fällt. In die Fettpfanne des Backofens etwas Wasser gießen, die Seezungen darauf legen und ca. 6–8 Minuten im Ofen pochieren.

Den Rucola putzen, waschen, tro-

ckenschleudern und in einen heißen Topf geben. Den abgebundenen Kohlrabi-Saft und den Kohlrabi sofort dazugeben, damit der Rucola nicht zu sehr zusammenfällt. Wenn das Ganze heiß ist, den Quark unterrühren und alles nochmals erwärmen.

Die Fisch-Röllchen vorsichtig vom Blech heben und mit dem Kohlrabi-Rucola-Gemüse auf 4 vorgewärmten Tellern anrichten.

Felchenfilets mit Lauchmus gefüllt auf zweierlei Saucen

Lauchmus:

2 Schalotten

2 Stangen Lauch

250 ml Gemüsefond (s. Basisrezept oder Instant-Produkt)

Salz

Pfeffer aus der Mühle

1 Schuss Kondensmilch

Sauce:

1 Zwiebel

1/2 Sellerieknolle

1 kleiner Fenchel

etwas Gemüsefond

250 ml Noilly Prat

250 ml trockener Weißwein

250 ml Kondensmilch

etwas Cayennepfeffer

etwas Knoblauch

Süßstoff nach Belieben

4 Felchen oder 8 frische Felchenfilets

1 Rote Bete

1 Prise gemahlener Safran

Die Schalotten schälen und klein schneiden.

Den Lauch putzen und gut waschen. Die Blattenden entfernen, die weißen Stücke für die Sauce beiseite legen und für das Lauchmus den hellgrünen Teil vor den Blattenden klein schneiden.

Die Schalotten in wenig Gemüsefond andünsten, den klein geschnittenen Lauch dazugeben, mit etwas Salz und Pfeffer würzen und mit so wenig Flüssigkeit wie möglich gar dünsten. Dann einen Schuss Kondensmilch zufügen, den Lauch mit dem Zauberstab pürieren und abkühlen lassen.

Die Zwiebel und den Sellerie schälen und klein schneiden. Den Fenchel und den weißen Teil des Lauchs putzen und klein schneiden. Zwiebel, Sellerie, Fenchel und Lauch mit wenig Gemüsefond anschwitzen

(nicht braun werden lassen) und mit Noilly Prat und Weißwein aufgießen. Das Gemüse sehr weich kochen, im Mixer pürieren und durch ein Sieb passieren. Die Kondensmilch dazugeben und, falls die Sauce zu dick ist, mit etwas Gemüsefond korrigieren. Mit Salz, Pfeffer, Cayennepfeffer, einem Hauch gepresstem Knoblauch und nach Belieben etwas Süßstoff abschmecken.

Den Ofen auf 180 °C vorheizen. Falls die Fische noch ganz sind, die Felchen filetieren, die Haut abziehen und die stehenden Gräten herausziehen. Die Filets am Schwanz ca. 1 bis 2 cm einschlagen, etwas Lauchmus auf die hintere Hälfte geben und das Vorderteil nach hinten darüber klappen. Mit den anderen Filets ebenso verfahren. Die Filets auf ein Backblech setzen, etwas Weißwein angießen und den Fisch im vorgeheizten Ofen in 8–10 Minuten gar ziehen lassen.

Während der Fisch gart, die Rote-Bete-Knolle schälen (Handschuhe anziehen!) und in wenig Wasser dünsten. Eine Hälfte der Sauce mit der weichen Rote-Bete-Knolle pürieren und erwärmen. Die andere Hälfte mit dem Safran mischen und ebenfalls erwärmen.

Die Saucen nebeneinander auf vorgewärmten Tellern anrichten und mit einem Stäbchen etwas ineinander ziehen, sodass ein marmoriertes Muster entsteht. Die Filets in der Mitte des Tellers arrangieren und servieren.

Tatar von der Bachforelle auf Gurke und gehobeltem weißen Spargel

6 sehr frische Bachforellenfilets ohne

Haut und Gräten

6 Schalotten

100 g getrocknete Tomaten ohne Öl

Saft von 2 Zitronen

80 ml Gemüsebrühe (s. Basisrezept oder

Instant-Produkt)

etwas Schnittlauch, gehackt

etwas Süßstoff

Salz

Pfeffer aus der Mühle

Cayennepfeffer

1 kg frischer weißer Spargel

1 Schlangengurke

2 EL Milch

Die Forellenfilets mit einem scharfen Messer zu Tatar hacken und kalt stellen. Die Schalotten schälen und fein hacken. Die getrockneten Tomaten gut ausdrücken und fein hacken. Das gehackte Forellenfilet mit Schalotten, Tomaten, Saft von 1/2 Zitrone, Gemüsebrühe und nach Belieben etwas Schnittlauch vermengen. Die Mischung mit etwas Süßstoff, Salz, Pfeffer und Cayennepfeffer würzen und abschmecken. Bis zum Servieren kalt stellen. Den Spargel schälen und in Salzwasser ca. 12 Minuten kochen. Das Wasser mit etwas Süßstoff und Zitronensaft abschmecken und den Spargel darin erkalten lassen.

Anschließend die Spargelstangen der Länge nach in 2–3 mm dicke Scheiben hobeln oder der Länge nach vierteln. Den Spargel als Gitter auf den Tellern anrichten. Die Gurke entkernen, schälen und in Streifen schneiden. Kerne und Schalen entsaften und den Saft mit Salz, Pfeffer, Cayennepfeffer und reichlich Zitronensaft abschmecken. Die Gurkenstreifen auf dem vorbereiteten Spargel platzieren und beides mit dem Gurkensaft marinieren.

Spargel und Gurke mit der Milch benetzen. Das Tatar auf dem Gemüse anrichten und nach Belieben mit Schnittlauch garnieren.

Dorade in Salzkruste mit geschmortem Fenchel und getrockneten Tomaten

400 g Kirschtomaten

5 Knollen Fenchel

3 EL Gemüsebrühe oder Wasser

Salz und Pfeffer aus der Mühle

1 Dorade à 2 kg (ausgenommen und

geschuppt)

3 Knoblauchzehen

1 Zweig Rosmarin

1 Zweig Thymian

Schale von 1 Zitrone oder 1 EL Zitronengras,

grob gehackt

3 Eiweiß

1,5–2 kg grobes Meersalz

etwas frischer Thymian für die Garnitur

Den Ofen auf 100 °C vorheizen. Die Tomaten waschen, halbieren und auf einem mit Backpapier ausgelegten Blech im vorgeheizten Ofen 3–4 Stunden eintrocknen lassen. Den Fenchel waschen, putzen und achteln. Die Fenchelstangen und das Fenchelgrün von der Knolle schneiden. Die Fenchelachtel in einem großflächigen Schmortopf von zwei Seiten ohne Öl anbraten, etwas Gemüsebrühe oder Wasser angießen, den Fenchel leicht mit Salz und Pfeffer würzen und zugedeckt ca. 30–40 Minuten gar schmoren. Die Fenchelachtel zwischendurch einmal wenden und eventuell etwas Flüssigkeit nachgießen.

Den Ofen auf 250 °C (Umluft 220 °C) vorheizen. Die Dorade unter fließendem Wasser waschen und die Seiten- und Rückenflossen mit einer Küchenschere abtrennen.

Knoblauch, Kräuterzweige und Zitronengras oder Zitronenschale in die Bauchhöhle des Fisches füllen und diesen auf ein mit Backpapier oder Alufolie ausgelegtes Backblech legen. Das Eiweiß steif schlagen und unter das Meersalz heben, sodass eine gebundene Salzmasse entsteht.

Die Eiweißmasse über den Fisch verteilen und die Dorade im vorgeheizten Ofen ca. 20–25 Minuten garen. Den Fisch herausnehmen und kurz ruhen lassen.

Den geschmorten Fenchel auf vorgewärmten Tellern anrichten, die Dorade in vier Portionen filetieren, auf die Teller platzieren und mit den warmen getrockneten Kirschtomaten sowie etwas gehacktem Thymian garnieren.

Zander auf der Haut gebraten auf Rahmpilzen mit Lauch und Tomate

2 Zwiebeln
1 Knoblauchzehe
400 g Pilze nach Marktangebot
1 mittelgroßer Lauch
2 Tomaten
150 ml Milch
150 ml Kondensmilch
4 Zanderfilets mit Haut à 150 g
Salz
Pfeffer aus der Mühle
etwas Zitronensaft
1 EL Johannisbrotkernmehl

Den Ofen auf 220 °C vorheizen. Die Zwiebeln schälen und fein würfeln. Den Knoblauch schälen und fein schneiden.

Die Pilze putzen und vierteln. Den Lauch putzen, waschen und in Streifen schneiden. Die Tomaten überbrühen, häuten, entkernen und würfeln.

Zwiebeln und Knoblauch in etwas Wasser angaren, die Pilze zugeben und beides kurz weitergaren. Milch und Kondensmilch angießen und leicht köcheln lassen, dann den Lauch zugeben.

Die Zanderfilets auf der Fleischseite mit Salz, Pfeffer und Zitronensaft würzen, auf der Hautseite mit Johannisbrotkernmehl bestäuben und in einer heißen, feuerfesten Teflonpfanne anbraten. Danach im vorgeheizten Ofen in ca. 5 Minuten fertig garen.

Wenn der Lauch gar ist, die Sauce des Pilz-Lauch-Gemüses durch ein Sieb abgießen. Die Flüssigkeit in einen Topf geben und mit einer Messerspitze Johannisbrotkernmehl abbinden. Die Sauce aufmixen und zu Pilzen und Lauch zurückgießen. Kurz vor dem Anrichten die Tomatenwürfel unterrühren.

Den gegarten Zander und das Pilzgemüse auf 4 vorgewärmten Tellern anrichten.

Desserts

Schnee-Eier auf Joghurtcreme mit Himbeeren

250 g gefrorene Himbeeren

4 cl Himbeergeist

6 Eiweiß

1/2 Vanilleschote

500 ml Milch

etwas Süßstoff

2 Becher Joghurt à 150 g

Die Himbeeren auf einer Platte verteilen und mit dem Himbeergeist marinieren. Das Eiweiß mit etwas Süßstoff sehr steif schlagen. Die Milch mit dem Vanillemark und etwas Süßstoff in einem flachen Topf oder einer Teflonpfanne aufkochen. Aus dem Eischnee gleichmäßige Nocken ausstechen, diese auf die Milch setzen und leicht siedend garen. Mit zwei Holzlöffeln oder einer Gabel nach ca. 3–5 Minuten wenden. Die fertigen Schnee-Eier auf einem Tuch abtropfen lassen.

Den Joghurt mit Süßstoff und den eingelegten Himbeeren verrühren und abschmecken. Die Himbeer-Joghurt-Creme auf eine Platte oder Dessertteller gießen und die abgetropften Schnee-Eier darauf arrangieren.

Tipp Formen Sie große Nocken, da diese durch die Zugabe des Zuckerersatzes etwas zusammenfallen.

Grapefruitgratin mit Topfen und Karotten

8 gelbe Grapefruit

1 Messerspitze Johannisbrotkernmehl

3 mittelgroße Karotten (ca. 150 g)

etwas Süßstoff

2 Eiweiß

125 g Quark

100 ml Kondensmilch

Den Backofen auf Oberhitze einstellen und auf 250 °C vorheizen. Die Grapefruit filetieren, dabei den Saft auffangen und diesen kalt mit

1 Messerspitze Johannisbrotkernmehl anrühren. Die Karotten
schälen, der Länge nach vierteln,
würfeln und in etwas Wasser mit
Süßstoff sehr weich kochen. Abgießen und abkühlen lassen. Das
Eiweiß zu steifem Schnee schlagen.
Den Quark mit etwas Süßstoff und
der Kondensmilch glatt rühren.

Die butterweichen Karottenwürfel
und das Eiweiß unter die Quarkmasse heben und mit etwas Süßstoff abschmecken. Die Grapefruitfilets mit dem eingedickten Saft in
eine Gratinform gießen und die
Quarkmasse darauf setzen. Im vorgeheizten Ofen oder unter dem
Grill hellbraun gratinieren.

Bratapfel mit Zimtsahne

4 Äpfel (Granny Smith)
80 g Quark
Saft von 1/2 Zitrone
etwas Süßstoff
1/2 TL Zimt
1 Eiweiß
50 ml Kondensmilch
100 ml Milch
Süßstoff
1 Messerspitze Johannisbrotkernmehl

Den Ofen auf 200 °C vorheizen. Die
Äpfel schälen und das Kerngehäuse ausstechen. Den Quark mit Zitronensaft, Süßstoff und etwas
Zimt glatt rühren. Das Eiweiß steif
schlagen und unter den Quark ziehen. Die Äpfel mit der Quarkmasse
füllen und in Alufolie einwickeln. In
die Bratpfanne des Backofens setzen und in ca. 45 Minuten weich
backen.
Für die Zimtsahne Kondensmilch,
Milch, etwas Süßstoff und den restlichen Zimt mit dem Johannisbrotkernmehl verquirlen und einige Minuten stehen lassen, damit das Johannisbrotkernmehl quellen kann.
Die Äpfel vorsichtig aus der Alufolie wickeln und auf der Zimtsahne
anrichten.

Apfel-Kiwikuchen aus der Tasse

2 Äpfel (Granny Smith)

2 Kiwis

2 Eiweiß

250 g Quark

etwas Süßstoff

Saft von ½ Zitrone

Den Backofen auf 180 °C vorheizen. Die Äpfel schälen, vierteln und das Kerngehäuse herausschneiden. Die Apfelspalten in kleine Stücke schneiden und mit etwas Zitronensaft beträufeln. Die Kiwis schälen und in kleine Stücke schneiden. Das Eiweiß zu steifem Schnee schlagen. Die Obststücke unter das Eiweiß ziehen. Den Quark mit etwas Süßstoff und dem restlichen Zitronensaft glatt rühren und das Eiweiß mit den Obststücken unterheben. Die Masse in vier feuerfeste Formen füllen und ca. 15 Minuten backen, bis die Oberfläche hellbraun ist.

Vanillesauce

½ Vanilleschote

250 ml Milch

etwas Süßstoff

2 Eiweiß

Kurkuma nach Belieben

Die Vanilleschote längs halbieren, das Mark herauskratzen und mit der Milch und dem Süßstoff in einem Topf erhitzen. Das Eiweiß in einer Metallschüssel mit einem Schneebesen anschlagen, die Milch einmal aufkochen lassen und sie unter ständigem Rühren mit dem Eiweiß verquirlen. Die Schüssel mit der entstandenen Sauce auf einen Topf mit kochendem Wasser stellen und mit einem Holzlöffel ständig am Boden rühren, damit die Milch nicht ansetzt. So lange rühren, bis das Eiweiß die Milch bindet.
Die Sauce ist fertig, wenn sich beim Pusten auf den Löffel kleine Wellen bilden. (Diesen Vorgang nennt man auch »zur Rose abziehen«. Die Konsistenz der Ei-Milch-Sauce ist dann richtig, wenn man den Löffelrücken mit der Masse überzieht und beim Daraufblasen eine »Rose« entsteht.) Die Sauce nach Belieben mit etwas Kurkuma färben.

Tipp Die Sauce hält sich im Kühlschrank bis zu drei Tagen.

Apfelkuchen aus der Tasse

3 Kiwis

etwas Süßstoff

etwas Vanillearoma

3 mittelgroße, säuerliche Äpfel (z.B. Granny Smith)

Saft von ½ Zitrone

8 Scheiben Knäckebrot

150 g Quark

50 ml Kondensmilch

1 Prise Kurkuma

2 Eiweiß

Den Backofen auf 180 °C vorheizen. Die Kiwis schälen und würfeln und mit etwas Süßstoff und Vanillearoma marinieren. Die Äpfel schälen, vierteln, die Kerngehäuse entfernen, in feine Scheiben schneiden und mit dem Zitronensaft beträufeln. Das Knäckebrot in fingernagelgroße Stücke brechen und mit dem Obst in einer Schüssel mischen. Den Quark mit etwas Süßstoff, Kurkuma und der Kondensmilch glatt rühren, die Apfelmasse dazugeben und alles vorsichtig vermengen. Das Eiweiß zu steifem Schnee schlagen und unterheben. Die Masse in feuerfeste Suppentassen umfüllen und im Ofen auf der mittleren Schiene 25–30 Minuten backen. Aus der Tasse servieren.

Tipp Die Kiwis können auch durch die Filets einer großen Grapefruit ersetzt werden.

Apfelschnee

2 Äpfel (Granny Smith)

2 Eiweiß

150 g Joghurt

etwas Süßstoff

Saft von ¹/₂ Zitrone

Die Äpfel schälen, vierteln, entkernen, raspeln und mit etwas Zitronensaft beträufeln. Das Eiweiß zu steifem Schnee schlagen. Den Joghurt mit dem Süßstoff in einer Schüssel anrühren. Geraspelte Äpfel, Joghurt und restlichen Zitronensaft vermengen und das steif geschlagene Eiweiß unterheben.

Früchtequark

250 g Südfrüchte (Papaya, Ananas, Kiwi, Mango)

250 g Quark

etwas Süßstoff

Saft von ¹/₂ Zitrone oder Limette

Die Früchte schälen und in Würfel schneiden.
Den Quark mit Süßstoff und Zitronen- oder Limettensaft glatt rühren und die Früchte oder Beeren unterheben.
Die Quarkmasse auf Desserttellern anrichten.

Tipp Anstelle der Südfrüchte eignen sich auch gemischte Beeren (Erdbeeren, Brombeeren, Himbeeren etc.).

Erdbeer-cappuccino

600 g Erdbeeren

etwas Süßstoff

etwas Zitronensaft

3 Eiweiß

Den Backofen auf Oberhitze einstellen und auf 250 °C vorheizen. Die Erdbeeren putzen, waschen und pürieren. Das Püree durch ein Sieb streichen, mit Süßstoff und Zitronensaft abschmecken und in vier feuerfeste Cappuccinotassen füllen. Das Eiweiß mit etwas Süßstoff steif schlagen, in einen Spritzbeutel mit Sterntülle füllen und eine Haube auf das Erdbeerpüree spritzen. Zum Schluss das Ganze gratinieren, bis die Eischneehaube leicht gebräunt ist.

Erdbeercarpaccio im Zitronen-schmelz

3 Zitronen

200 ml Milch

etwas Süßstoff

1 Messerspitze Johannisbrotkernmehl

400 g Erdbeeren

Die Zitronen heiß abwaschen, die Schale fein abreiben und den Saft auspressen. Den Saft und die Zitronenschale mit der Milch, etwas Süßstoff und dem Johannisbrotkernmehl verquirlen. Den Schmelz beiseite stellen und quellen lassen. Die Erdbeeren putzen, waschen und in dünne Scheiben schneiden. Den Zitronenschmelz als Spiegel auf vier Tellern angießen und die Erdbeeren kreisförmig und überlappend darauf anrichten.

Beerenweible im Nest

400 g gemischte Beeren (Erdbeeren, Himbeeren, Brombeeren, Johannisbeeren, Stachelbeeren)

50 ml trockener Weißwein

Saft von ¹/₂ Zitrone, etwas Süßstoff

1 Messerspitze Johannisbrotkernmehl

3 Eiweiß

Die Beeren entstielen und waschen. Die Erdbeeren in Spalten schnei-den, Stachelbeeren halbieren. 50 g Himbeeren und 50 g Erdbeeren mit Weißwein, Zitronensaft und etwas Süßstoff pürieren, die Masse durch ein Sieb streichen, mit dem Johannisbrotkernmehl verrühren und 30 Minuten quellen lassen. Die rest-

lichen Beeren mit dem Püree mischen und abschmecken.

Das Eiweiß mit wenig Süßstoff steif schlagen und damit einen kleinen Ring auf je einen Teller malen. Zum Schluss das Beerenkompott in die Mitte setzen.

> **Tipp** Der Ring lässt sich gut mit einem Löffel und einem Schaschlikspieß auf den Teller malen. Das Püree kann auch mit einem Spritzbeutel mit Sternentülle kreisförmig auf den Teller gepunktet werden.

Grapefruitgratin mit Topfen

2 gelbe Grapefruit

350 g Quark

Saft von 1/2 Zitrone

etwas Süßstoff

2 Eiweiß

Den Backofen auf Oberhitze einstellen und auf 250 °C vorheizen. Die Grapefruit filetieren und die Filets kranzförmig auf 4 feuerfeste Teller legen. Den Quark mit Zitronensaft und Süßstoff glatt rühren. Das Eiweiß steif schlagen und unter den Quark ziehen. Die Gratinmasse auf den Grapefruitfilets verteilen und das Ganze goldbraun gratinieren.

> **Tipp** Besonders hübsch sieht es aus, wenn die Gratinmasse dekorativ als Gitter auf die Grapefruit gespritzt wird.

Kiwi-Sorbet

1 reife Kiwi

4 hartgefrorene Eiswürfel

2 TL Süßstoff

Saft von 1/2 Zitrone

Die Kiwi schälen. Die Eiswürfel zerkleinern. Eis, Kiwi, Süßstoff und Zitronensaft mit der Mulinette oder im Mixer kurz durchmixen und sofort servieren.

Grapefruitsülze auf Buttermilchmus

6 Blatt Gelatine

2 gelbe Grapefruit

50 ml Grapefruitsaft

etwas Süßstoff

100 ml Buttermilch

1 Spritzer Zitronensaft

1 Eiweiß

4 Blatt Gelatine in kaltem Wasser einweichen.

Die Grapefruit filetieren, die Grapefruitfilets abtropfen lassen und den Saft auffangen. Den Fruchtsaft mit dem Süßstoff und dem Grapefruitsaft abschmecken.

Die Gelatine ausdrücken, in einem Topf bei schwacher Hitze auflösen und unter den Saft rühren. Die Filets dazugeben und das Ganze so in vier Förmchen füllen, dass jedes Förmchen nur $2/3$ voll ist. Kühl stellen.

2 Blatt Gelatine in kaltem Wasser einweichen. Die Buttermilch mit etwas Süßstoff und einem Spritzer Zitronensaft abschmecken. Die aus-

gedrückte Gelatine erhitzen und unter die Buttermilch rühren. Das Eiweiß steif schlagen und unter die Buttermilch heben, sobald diese zu gelieren beginnt. Die Mischung sofort in die Förmchen mit der Grapefruitmischung füllen und erneut kalt stellen.

Nach ca. 2 Stunden lässt sich die Sülze stürzen. Auf Tellern anrichten und servieren.

Tipp Die Förmchen vor dem Stürzen kurz in heißes Wasser halten, dann lässt sich das Mus besser herauslösen.

Himbeer- oder Früchtesülze im Spiegel

5 Blatt Gelatine

250 g Himbeeren oder Früchte der Saison

etwas Süßstoff

2 EL Zitronensaft

etwas trockener Weißwein

200 g Südfrüchte (Mango, Kiwi, Papaya)

Die Gelatine in kaltem Wasser etwa 5 Minuten einweichen und quellen lassen.

Die Beeren putzen. Die Hälfte der Beeren mit Süßstoff, 1 EL Zitronensaft und Weißwein pürieren. Die Gelatine ausdrücken, bei schwacher Hitze in einem Topf auflösen und tropfenweise unter das Püree rühren. Die restlichen Beeren unterheben.

Pudding- oder Flanförmchen mit kaltem Wasser ausspülen, die Masse gleichmäßig in die Förmchen füllen und diese mindestens 1 Stunde kalt stellen.

Die Südfrüchte schälen, in kleine Würfel schneiden und mit etwas Süßstoff und 1 EL Zitronensaft mit dem Stabmixer pürieren und durch ein Sieb streichen. Das Fruchtpüree als Spiegel auf vier Teller gießen, die Sülze stürzen und auf dem Spiegel anrichten.

Tipp Die Förmchen vor dem Stürzen kurz in warmes Wasser halten, damit sich die Sülze besser löst. Das Rezept kann je nach Jahreszeit und Geschmack variiert werden. Farblich ansprechend ist z.B. auch eine Himbeer- oder Erdbeersülze auf einem Mangospiegel oder eine Stachelbeersülze auf einem Erdbeerspiegel.

Joghurtmousse

3 Blätter weiße Gelatine

250 g Joghurt

Saft von ¹/₂ Zitrone

etwas Süßstoff

1 Eiweiß

Die Gelatine in kaltem Wasser einweichen. Joghurt mit Zitronensaft und etwas Süßstoff anrühren. Das Eiweiß steif schlagen. Die Gelatine ausdrücken, bei schwacher Hitze in einem Topf auflösen und tropfenweise in den Joghurt einrühren. Sobald der Joghurt zu gelieren beginnt, den Eischnee unterheben und die Masse in kleine Förmchen füllen. Mindestens 1 Stunde kalt stellen. Danach die Förmchen auf Teller stürzen.

Joghurtsauce

300 g Joghurt, etwas Süßstoff

Saft von ¹/₂ Zitrone

Alle Zutaten in einer Schüssel mit einem Schneebesen verquirlen und abschmecken.

Kirsch-Kefir-Eis

400 g süße Kirschen

200 g Kefir

Süßstoff

Die Kirschen waschen, entsteinen und pürieren. Den Kefir dazugeben und mit etwas Süßstoff abschmecken. In der Eismaschine gefrieren, bis das Eis cremig ist.
Das Eis portionsweise ausstechen, in Gläsern anrichten und mit Beeren garniert servieren.

Cassata mit Johannisbeeren

250 g Johannisbeeren

150 g Joghurt

1 EL Zitronensaft

etwas Süßstoff

2 Eiweiß

Die Johannisbeeren waschen und von den Rispen zupfen. 50 g abwiegen, den Rest abdecken und beiseite stellen. Joghurt mit Zitronensaft und etwas Süßstoff glatt rühren. Das Eiweiß steif schlagen und mit den 50 g Johannisbeeren unter den Joghurt ziehen. Die Masse sofort in eine mit Frischhaltefolie ausgelegte Form füllen und mindestens 5 Stunden durchfrieren.

Inzwischen die restlichen Johannisbeeren pürieren, durch ein Sieb streichen und mit Süßstoff abschmecken.

Zum Stürzen die Form kurz in heißes Wasser tauchen. Das Parfait aus der Form stürzen, die Folie abziehen und in Scheiben schneiden. Die Parfait-Scheiben auf Tellern anrichten und die Johannisbeersauce dazu reichen.

Tipp Die Zubereitung dieses Rezepts ist auch mit Himbeeren, Erdbeeren, Heidelbeeren etc. oder mit fein gewürfelter Mango möglich.

Panna Cotta mit Erdbeerkompott

4 Blätter Gelatine

$\frac{1}{2}$ Zitrone

$\frac{1}{2}$ Orange

200 ml Milch

$\frac{1}{2}$ Vanilleschote

etwas Süßstoff

1 Eiweiß

500 g Erdbeeren

1 Messerspitze Johannisbrotkernmehl

Die Gelatine in kaltem Wasser einweichen.

Zitrone und Orange heiß abwaschen. Die Hälfte der Schale von Zitrone und Orange abreiben und die Zitrone auspressen. Den Abrieb mit der Milch, dem ausgekratzten Vanillemark, 1 EL Zitronensaft und etwas Süßstoff verrühren und abschmecken. Das Eiweiß steif schlagen.

Die Gelatine ausdrücken, bei schwacher Hitze in einem Topf auflösen und nach und nach in die Milch rühren. Sobald die Milch anfängt zu gelieren, den Eischnee unterheben, die Masse in kleine Förmchen füllen und mindestens 4 Stunden kalt stellen.

Die Erdbeeren putzen und waschen. 100 g Erdbeeren pürieren, durch ein Sieb streichen und mit dem Johannisbrotkernmehl verquirlen. Die restlichen Erdbeeren vierteln und mit dem Püree mischen.

Die Panna Cotta stürzen und mit dem Kompott anrichten.

Aprikosenschaum

2 Blatt Gelatine

500 g reife Aprikosen

etwas Süßstoff

Die Gelatineblätter mindestens 5 Minuten in kaltem Wasser einweichen.

Die Aprikosen waschen, entsteinen und mit etwas Wasser weich kochen.

Die Aprikosen mit dem Stabmixer fein mixen, die eingeweichte Gelatine dazugeben und die Masse mit Süßstoff abschmecken. Den Aprikosenschaum mindestens zwei Stunden kalt stellen.

Zum Anrichten den Aprikosenschaum mit einer Spritztülle in Dessertgläser oder flache Glasschälchen spritzen, mit einer Erdbeere oder anderen Beeren garnieren und sofort servieren.

Schnee-Eier

3 Eiweiß

etwas Süßstoff

500 ml Milch

¹/₂ Vanilleschote

Das Eiweiß mit dem Süßstoff steif schlagen.
Die Milch mit etwas Süßstoff und dem ausgekratzten Vanillemark aufkochen und von der Herdplatte nehmen. Vom Eischnee Nocken abstechen, in die heiße, aber nicht mehr kochende Milch geben und einen Moment ziehen lassen. Dann die Nocken vorsichtig wenden, sodass jede Seite einmal in der Milch gezogen hat. Die Schnee-Eier mit einem Gitterlöffel herausnehmen und auf einem Tuch abtropfen lassen.

Tipp Am besten verwendet man für die Zubereitung eine Pfanne oder einen breiten, flachen Topf. Zu den Schnee-Eiern kann man die Vanillesauce servieren.

Serviceteil

Tipps fürs Frühstück

Früchtchen fürs Frühstück

Im Rahmen der »schlanken küche« nimmt Obst einen wichtigen Platz ein. Säuerliche Äpfel (Granny Smith), Kiwi, Papaya, Ananas, Mango, Erdbeeren, Himbeeren, Johannisbeeren, Stachelbeeren und Blaubeeren sind besonders empfehlenswert. Vernachlässigt werden dagegen Trauben, Bananen und Kernobst. Passende Fruchtkombinationen sind z.B. Kiwi und Grüner Apfel, Ananas und etwas Kirschwasser oder Papaya und Limone. Mit Quark und/oder Joghurt und mit Zitronensaft und Süßstoff abgeschmeckt wird aus Früchten schnell ein leckerer und gesunder Snack.

Was die Vielfalt an Milchshakes, Flips und Milchdrinks angeht, sind der Phantasie keine Grenzen gesetzt. Geschüttelt, püriert oder gerührt sind sie ein ideales Frühstück. Sie spenden viel Eiweiß und eignen sich hervorragend als nachhaltige Zwischenmahlzeit.

Und nicht vergessen: Das Auge isst mit, auch wenn Sie nur für sich selbst in der Küche stehen. Holen Sie die schönen Gläser und das Festtagsgeschirr aus dem Schrank und genießen Sie, was Sie in aller Ruhe zu sich nehmen.

Beerenmix

100 g Beeren, frisch oder tiefgekühlt, 250 g Joghurt, 1/8 l Milch, Süßstoff und etwas Zitronensaft vermixen und das Getränk in hohe Gläser füllen.

Kiwidrink

2 Kiwi, 2 El Joghurt, 50 ml Sojamilch oder Milch, 50 g Tofu, etwas Eis und Zitronensaft aufmixen und in Gläser füllen.

Müsli Spezial

100 g Quark, 100 g Joghurt, 1 Kiwi, gewürfelt, 100 g Papaya, gewürfelt oder Beeren, 50 g Schinken, gewürfelt, 1 Scheibe Vollkornbrot, geröstet, gewürfelt, 1 Apfel, gerieben, 1 Eiweiß, steif geschlagen, etwas Süßstoff und etwas Zitronensaft gut vermengen. In Schälchen füllen und nach Belieben mit fein gehackter Zitronenmelisse bestreuen.

Tipps für unterwegs

Hauptmahlzeiten mit Fisch und Fleisch

Auch für Berufstätige sollte ein leichtes, gesundes Mittag- oder Abendessen selbstverständlich sein. Die bereits am Abend vorbereiteten Köstlichkeiten lassen sich wunderbar in einer Plastikbox aufbewahren und schmecken kalt ebenso gut wie warm. Mit Salatsaucen oder Dips sind der Vielseitigkeit keine Grenzen gesetzt. Besonders geeignet für »mobile Einsätze« sind z.B.

- Rohkostgemüse in Stäbchen geschnitten, mit rohem Schinken
- Quarkschinkenröllchen mit Kopfsalat
- Gekochter Schinken mit Südländersalat/-gemüse
- Thunfisch aus dem Saft mit Bohnen, Zwiebeln und Tomaten
- Rindfleischsalat mit Zwiebeln und Paprika
- Geflügelsalat mit Pilzen und Lauch
- Roastbeef mit Tomatensalat
- Hackfleischbällchen mit Wokgemüse
- Kalbs- oder Schweinerückenbraten mit Gurken-Tomaten-Gemüse
- Geräucherte Forelle mit Kopfsalat, Radieschen und Meerrettich
- Fischsalat von gekochtem und eingelegtem Fisch mit Gemüse
- Bresaola / Bündnerfleisch mit Rote-Bete-Zwiebel-Salat
- Kassler mit Sellerie-Gurken-Salat
- Lachsschinken mit Rettich-Schnittlauch-Salat

Gut zu wissen

a) Aus der Ernährungswissenschaft: Wenig Fett, ausgewählte Kohlenhydrate, viel Eiweiß – Bausteine für einen Körper im Gleichgewicht

Menschen, die ihr Wohlfühlgewicht haben und es auch halten, haben die Balance im Essverhalten gefunden. Und wenn einmal ein kleines Ungleichgewicht entsteht, weiß der Normalgewichtige, wie er die kleinen »Ausreißer« wieder ins Lot bringt. Setzt man die Reinheit voraus, gibt es praktisch keine ungesunden Lebensmittel. Das gilt für Fett ebenso wie für Zucker. Was maßgeblich ist, ist die jeweilige Menge.

Fett in Maßen: lebensnotwendiges Ernährungselement

Fett ist lebensnotwendig als Energieträger und Energiereserve. Außerdem ist Fett die Ausgangssubstanz für die Synthese von vielen biologisch wirksamen Verbindungen, die für zahlreiche wichtige Körperfunktionen verantwortlich sind. Die empfehlenswerte Fettzufuhr pro Tag liegt bei 30 Prozent der Energieaufnahme oder 1 g pro Kilogramm Körpergewicht. Bei einer Person, die 70 kg wiegt, sind das 70 g Fett. Der tatsächliche Fettkonsum pro Person liegt derzeit in den Wohlstandsgesellschaften jedoch bei ca. 160 g pro Tag. Der größte Anteil an verzehrtem Fett ist als »verstecktes Fett« in Fleisch, Wurst, Käse und Süßigkeiten wie Schokolade, Kuchen, Gebäck und Eis enthalten. Zur Regulation des Körpergewichtes sollten Übergewichtige versuchen, bei Fett so zurückhaltend wie möglich zu sein.

Faul macht fett

Die oben genannten Verbrauchszahlen belegen eindeutig einen zu hohen Fettkonsum. Gleichzeitig damit verbunden ist eine zu hohe Kohlenhydrataufnahme durch Produkte, die zum einen verstecktes Fett enthalten, zum andern einen erheblichen Gehalt an leicht verwertbaren Kohlenhydraten, also z. B. Zucker, aufweisen. Damit ist unsere Ernährung zu energiereich. Um diese Energie umzusetzen, ist körperlicher Einsatz notwendig. Gerade die körperlichen Aktivitäten haben in den letzten Jahren jedoch stark abgenommen. Die allgemeine Motorisierung erspart viele Wege, angefangen von den Fahrten zum Kindergarten, zur Schule und zum Arbeitsplatz über die Benutzung von Aufzügen oder Rolltreppen bis hin zur Ausübung bewegungsarmer Tätigkeiten. Motorische Hilfsmittel aller Art erleichtern den Alltag und reduzieren die Vielfalt der Bewegungsmuster immer mehr. Was dann als minimaler Ausgleichssport in der Freizeit betrieben wird, kann das Defizit kaum noch auffangen. Ein voller Bauch studiert nicht nur ungern, sondern bewegt sich auch nur mühsam.

Fett: Türöffner für Vitamine?

Es heißt immer wieder, Mohrrüben müssten mit Öl oder »guter Butter« zubereitet werden, damit die fettlöslichen Vitamine verarbeitet werden können. Fette sind für die Resorption der fettlöslichen Vitamine A, D, E und K aus Nahrungsmitteln erforderlich, damit diese in der Dünndarmschleimhaut aufgenommen werden können. Bei einer

Reduktionskost ist eine zusätzliche Fettzugabe zu vermeiden, da schon mit den »unsichtbaren« Fetten genügend Fett aufgenommen wird.

Eiweiß: Der Baumeister im Organismus

Eiweiß (Protein) ist für die Gesundheit des Organismus von größter Wichtigkeit. Als Strukturproteine bestimmen sie den gesamten Körperaufbau und die Beschaffenheit von Gewebe, wie z.B. die Haarstruktur. Als Enzyme beschleunigen sie chemische Reaktionen, als Hormone steuern sie Vorgänge im Körper, und in den Muskeln verändern bestimmte Proteine ihre Form und sorgen so für die Kontraktion der Muskeln und damit für die Bewegungsfähigkeit. Das rote Blutkörperchen Hämoglobin ist ein Transportprotein, das im Blut für den Sauerstofftransport zuständig ist.

Eiweiße sind komplexe Gebilde, deren einfachste Bausteine die Aminosäuren sind. Es gibt 20 verschiedene Aminosäuren. Zwölf dieser Aminosäuren kann der menschliche Organismus aus den Bruchstücken anderer Aminosäuren aufbauen, die restlichen acht jedoch nicht. Da sie aber für den Aufbau von Körpereiweiß lebensnotwendig, d.h. essentiell, sind, müssen sie von außen als Nahrungseiweiß zugeführt werden.

Da Eiweiß durch keinen anderen Nährstoff ersetzt werden kann, muss der Eiweißbedarf täglich gedeckt werden. Der gesunde Organismus bildet keine Depots für Eiweiß, und daher ist seine tägliche Zufuhr notwendig. Fleisch ist eine gute Quelle für gut verfügbares Eiweiß, da der menschliche Körper tierisches Eiweiß besser umwandeln kann als pflanzliches. Darüber hinaus sorgen Fleisch und Fleischprodukte für eine ausreichende Versorgung mit wichtigen Vitaminen. Rindfleisch ist zudem ein bedeutender Lieferant für die Mineralstoffe Eisen, Zink und Selen.

Leben ohne Zucker?

Zucker macht das Leben süß – in Maßen ganz bestimmt. Der Zuckerüberschuss, mit dem sich viele Menschen versorgen, macht das Leben aber wohl eher schwerer als schöner. Ein überhöhter Zuckerkonsum wirkt in zweifacher Weise negativ auf die Figur: Der Verzehr von Süßigkeiten sorgt für eine sofortige Insulin-Ausschüttung, die den Appetit steigert – vor allem in Verbindung mit Alkohol. Zum zweiten wird Zucker vorrangig verbrannt, wenn der Körper Energie benötigt.

Das Depotfett bleibt dabei unangetastet. Wer versucht, sein Gewicht nachhaltig zu verringern, sollte also weitgehend auf einfache Kohlenhydrate wie z. B. Zucker verzichten, damit der Körper bei

Energiebedarf wirklich auf die Fettreserven zugreift.

Der Zucker, wie wir ihn heute kennen, ist erst einige hundert Jahre alt. Die Menschheit lange ohne Zucker aus, wenn man von Wildfrüchten und Honig absieht, die aber nur in sehr geringen Mengen verfügbar waren. Um ein eventuelles Bedürfnis nach Süßem nicht komplett zu unterdrücken und auf diesem Wege einen unstillbaren Heißhunger zu erzeugen, sollte man nach Alternativen suchen. Obst ist in den meisten Fällen ein hervorragender Ersatz für die Pralinen – und das Gewissen wird auch entlastet. Wie funktioniert das konkret?

Viel Fleisch und Fisch
Das Motto bei bodycur heißt: »Wer gut abnehmen will, muss vor allem gut essen.« Das bezieht sich auf den Geschmack, die Qualität und die Zusammensetzung der Zutaten. Nach Möglichkeit kommen nur frische und natürliche Lebensmittel auf den Teller. Fleisch und Fisch sind bei bodycur nicht nur erlaubt, sondern ein Muss. Tierisches Eiweiß kurbelt die Fettverbrennung an. Wichtig dabei: Hochwertig und vor allem mager muss das Fleisch sein. Ob Geflügel, Rind, Schwein, Lamm, Kaninchen oder Wild – die bodycur-Köche beweisen, wie verführerisch die Variationsmöglichkeiten bei der Zubereitung sind. Da auch das magerste Fleisch noch zwei bis drei Prozent Fett enthält, wird bei der Zubereitung – z. B. im Backofen im

Bratschlauch oder in Alufolie – mit Fett gespart.

Riesig ist die Auswahl an Fischen, die auf dem Einkaufszettel der »schlanken küche« steht: Vom Blauling über den Knurrhahn und den Zander bis hin zu Austern, Shrimps und Muscheln darf alles gegessen werden. Verzichtet wird dagegen auf Aal, Lachs, Makrele, Hering, frischen Thunfisch und Heilbutt, da der Fettgehalt bei diesen Fischen über der empfohlenen Grenze liegt. Im Backofen gegart und mit wenigen Zutaten abgeschmeckt, ist der Gaumenschmaus schnell und ohne großen Aufwand perfekt.

Die in Fleisch und Fisch enthaltenen ungesättigten Fettsäuren schützen die Blutgefäße und liefern lebenswichtige essentielle Aminosäuren, unterstützen den Zellaufbau und regen den Stoffwechsel an.

Gemüse satt!
Gemüse schmeckt gut und erfreut den Körper. Als Beilage zu Fleisch und Fisch dürfen Kohlrabi, Karotten, Rote Bete, Wirsing, Rot-, Weiß-, Rosen-, Blumen- und Chinakohl, Spargel, Spinat, Paprika, Gurken, Tomaten, Fenchel, Schwarzwurzeln, Auberginen, Zucchini, Broccoli, Zwiebeln, Radieschen, Kresse, Sprossen und Lauch – frisch vom Markt oder zwischendurch auch aus dem Kühlfach – nach Herzenslust gegessen werden.

Würziges Grünzeug bereichert jedes Gericht: Ob frisch, getrocknet oder tiefgefroren, mit Petersilie,

Schnittlauch, Basilikum, Rosmarin und allem, was Markt, Garten und Balkon hergeben, wird jedes Gemüse zum Erlebnis. Minze im Salat erfrischt den Gaumen und sorgt für ganz neue Geschmackserlebnisse. Und ein Stückchen Pfefferschote gibt der Tomatensauce Feuer. Salatsaucen werden ohne Öl, dafür aber mit Joghurt, Sojasauce, Balsamico- oder Obstessig und anderen Zutaten wie Senf, Tomatenmark, Meerrettich, Salz, Pfeffer, Kräutern und evtl. Süßstoff gemischt.

Und jetzt noch etwas Süßes …

Auch das ist kein Problem. Mit Obst lässt sich auch der Heißhunger auf etwas Süßes stillen. Sommerhits wie Johannisbeeren, Brombeeren, Stachelbeeren, Erdbeeren, Himbeeren und Heidelbeeren bringen tiefgekühlt auch im Winter die Sonne auf den Tisch. Herbe Apfelsorten, Kiwis, Grapefruit, Melonen, Mango, Papaya, frische Ananas und Rhabarber lassen die Lust auf Schokoriegel schnell verblassen. Steinobst, Trauben und Bananen sollten vermieden werden. Und wenn es doch mal Schokolade sein muss: Tafeln mit mindestens 70 Prozent Kakaoanteil haben weniger Fett und Zucker als z. B. Vollmilchschokoladen oder Pralinen …

Was ist bodycur®?

Die »schlanke küche«: Höchster Genuss mit bestem Gewissen

2002 entwickelte Frank Boerner, Geschäftsführer des Überlinger Unternehmens bodycur®, das Gastronomiekonzept »schlanke küche«. Die Idee der »schlanke küche« ist ebenso pragmatisch wie innovativ und überrascht in kulinarischer Hinsicht auch anspruchsvollste Gourmets. Restaurants, die sich dem Konzept anschließen, setzen Gerichte auf ihre Speisekarte, die von Spitzenköchen im Sinne des bodycur®-Konzeptes zusammengestellt wurden. Feinschmecker können sich so auf raffinierte und gleichzeitig gesunde und fettarme Weise dem Genuss hingeben, ohne sich unnötig zu belasten. Clemens Baader kreiert seit Weihnachten 2002 unter dem Label »schlanke küche« Rezepte mit bodycur® und den dort empfohlenen Grundsätzen.

Das ganzheitliche bodycur®-Konzept: Betreuung, Essen, Bewegung

Das bodycur-Konzept zur gesundheitsorientierten Gewichtsreduzierung wird ausschließlich in lizenzierten Therapiezentren angeboten. Die bodycur®-Therapie setzt auf eine ausgewogene Mischkost mit reduziertem Energiegehalt, minimalem Fett- und erhöhtem Eiweißanteil und ausreichender Flüssigkeitszufuhr pro Tag. Aus Fleisch, Fisch, Gemüse und Obst brutzeln

die Kunden, was schmeckt und schlank macht. Das Ernährungskonzept betreut eine Ärztin der deutschen Akademie für Ernährungsmedizin Freiburg im Breisgau. Dadurch entspricht die bodycur®-Therapie stets dem aktuellen Stand der Ernährungsmedizin.

Die Komponente »Essen« allein macht aber den Erfolg der Therapie noch nicht aus: Da die meisten Dinge im Leben leichter gehen, wenn man einen kompetenten Partner hat, stehen jedem Teilnehmer ausgebildete Betreuer zur Verfügung. Die bodycur®-Mitarbeiter begleiten den Kunden nicht nur während der Therapie, sondern sind auch seine Ansprechpartner bei der Stabilisierung des Gewichts nach dem Abnehmen. Die bodycur®-Teilnehmer profitieren vom täglichen Kontakt, werden motiviert und bestätigt. Das persönliche Coaching bewirkt, dass die Kunden auch über längere Strecken das Ziel nicht aus den Augen verlieren – ohne dass die gute Laune sinkt.

Ein individuell zugeschnittenes Bewegungsprogramm verbessert das Körpergefühl aktiv, nachdem die ersten Pfunde weggeschmolzen sind und körperliche Bewegung wieder anfängt, Spaß zu machen. bodycur® vertritt die Prinzipien einer gesundheitsorientierten Gewichtsreduktion, bei der nicht nur an den Kohlenhydraten, sondern vor allem am Fett gespart wird, also »low carb + low fat«. Insgesamt setzt bodycur® auf eine ausgewogene, leckere Mischkost, deren Regeln während des Abnehmens erst streng, dann lockerer befolgt werden sollen. Hans Lauber, Autor des Buches »Fit wie ein Diabetiker«, unterstreicht die Prinzipien der »schlanken küche« ausdrücklich: »Weil ich vor einigen Jahren mit An- fang 50 hochgradig Diabetes hatte, suchte ich nach einem Weg, diese Störung ohne Medikamente in den Griff zu bekommen. Das ist mir gelungen. Auch ich habe mich wie bodycur® für einen Weg entschieden, der keine Diät ist, sondern den bewussten Genuss in den Vordergrund stellt.« Sein Buch »Messen, Essen, Laufen - Fit wie ein Diabetiker« macht deutlich, dass der Typ-2-Diabetes, den Lauber »Lifestyle-Diabetes« nennt, nicht Schicksal, sondern Chance ist.

Adressen

Wenn Sie ein bodycur®-Zentrum in Ihrer Nähe suchen oder einfach mehr wissen möchten, wenden Sie sich direkt an:

bodycur® GMBH
Frank Boerner
Owinger Straße 2
99662 Überlingen
Tel.: 07551/694 69
e-mail: info@bodycur.de
www.bodycur.de

>>schlanke-küche<<-Restaurants
(Stand 03/06)
Die aktuelle Übersicht finden Sie unter
www.schlankekueche.de

BERGHOTEL BAADER (SILENCEHOTEL)
Hotel/Restaurant
Clemens Baader
Salemer Straße 5
D-88633 Heiligenberg
Telefon: 07554 802-0
www.hotel-baader.mdo.de

ORANGERIE im Hotel Nassauer Hof
Hotel/Restaurant
Harald Schmitt/Klaus-Jürgen Weingartz
Kaiser-Friedrich-Platz 3–4
D-65183 Wiesbaden
Telefon: 0611 133-0
www.nassauer-hof.de

BEURENER HOF
Restaurant/Hotel mit bodycur®-Therapie
Herr und Frau Anhorn
Hohenneuffenstraße 16
D-72660 Beuren
Telefon: 07025 91011-0
www.beurener-hof.de

LANDGASTHOF SONNE
Hotel/Restaurant
Jürgen Hauke
Sulzer Straße 3
D-72218 Wildberg
Telefon: 07054 8666
www.sonne-wildberg.de

SEE HOTEL OFF
Hotel/Restaurant
Elisabeth und Michael Off
Uferpromenade 51
D-88709 Meersburg
Telefon: 07532 4474-0
www.hotel.off.mbo.de

SALMEN BISTRO
Restaurant
Frau Renate Dietz-Gorges
Lange Straße 52
D-77652 Offenburg
Telefon: 0781 9197888
www.salmen-bistrorant.de

LA BOCCA
Restaurant
Pflegstraße 3
D-73033 Göppingen
Telefon: 07161 69900
www.la-bocca.de

BRENNER´S PARK-HOTEL & SPA
Hotel/Restaurant
Rudolf Pellkofer
Schillerstraße 4–6
D-76530 Baden-Baden
Telefon: 07221 900845
www.brenners.com

GASTHAUS ZUM LAMM
Restaurant
Familie Winter
Hauptstraße 2
D-73271 Holzmaden
Telefon: 07023 5036

HOTEL OCHSEN
Hotel/Restaurant
Andreas Waldschütz/Hans Ortner
(Küchenchef)
Münsterstraße 48
D-88662 Überlingen
Telefon: 07551 919960
www.hotel-ochsen-ueberlingen.de

„SCHROFEN HÜTTE“
Restaurant/Ausflugsrestaurant
Regina und Hans-Peter Müller
Hausnummer 111
A-6691 Jungholz
Telefon: +43 5676 8212
www.schrofen-huette.de

SILENCE HOTEL STURM
Hotel/Restaurant
Heiko Hofmann (Küchenchef)
Ignaz-Reder-Straße 3
D-97638 Mellrichstadt
Telefon: 09776 81800
www.hotel-sturm.com

NÜRTINGER HOF
Restaurant
Giorgio Ciampini
Brunnensteige 9
D-72622 Nürtingen
Telefon: 07022 36078
www.nuertinger-hof.de

SILENCE-PARKHOTEL BAYERSOIEN
Hotel/Restaurant
Dr.med. Franziska Fehle-Friedel
Am Kurpark 1
D-82435 Bad Bayersoien am See
Telefon: 08845 120
www.parkhotel-bayersoien.de

WARTENBERGER MÜHLE
Restaurant
Martin Scharff
Schlossberg 16
D-67681 Wartenberg
Telefon: 06302 9234-0
www.wartenberger-muehle.de

SCHINDLERHOF
Hotel/Restaurant
Familie Kobjoll
Steinacher Straße 6–8
D-90427 Nürnberg-Boxdorf
Telefon: 0911 9302610
www.schindlerhof.de

SÄGMÜHLE
Hotel/Restaurant
Andrea Hook
Sägmühlenweg 140
D-67454 Haßloch
Telefon: 06324 92910
www.saegmuehle.pfalz.com

TANDREAS
Hotel/Restaurant
Tanja und Andreas Gerlach
Licher Straße 55
D-35394 Gießen
Telefon: 0641 9407-0
www.tandreas.de

RESTAURANT „ALTER MARKT"
Hotel/Restaurant
Arno Roth
Laubweg 1
D-61267 Neu Anspach/Taunus
Telefon: 06081 44670
www.landhotel-hessenpark.de

GASTHAUS LÖWEN
Hotel/Restaurant
Familie Schmidt
Dorf-Hauptstraße 18
D-79872 Bernau/Schwarzwald
Telefon: 07675 277
www.loewen-bernau.de

POST-HOTEL
Hotel/Restaurant/Tagung
Harald van Evert
Mergentheimer Straße 162
D-97084 Würzburg
Telefon: 0931 6151-0
www.posthotel-wuerzburg.de

RINGHOTEL KRONE SCHNETZENHAUSEN
Hotel/Restaurant/Tagung
Otto Rueß
Untere Mühlbachstraße 1
D-88045 Friedrichshafen
Telefon: 07541 4080
wewww.ringhotel-krone.de

ACHALM & SCHAFSTALL
Hotel/Restaurant
Herr Schnabe
Auf der Achalm
D-72766 Reutlingen
Telefon: 07121 482482
www.achalm.com

GASTHOF ZUM HIRSCH
Gasthof
Hans-Heinrich Weeger
Albstraße 9
D-72587 Römerstein-Böhringen
Telefon: 07382 93970
www.hirsch-boehringen.de

AURORA HOTEL-SAUNA-RESTAURANT
Restaurant/Hotel mit bodycur®-Therapie
Herbert Keil
Roßwachtstraße 1
D-85221 Dachau
Telefon: 08131 51530
www.aurorahoteldachau.de

SEEHOTEL NIEDERNBERG
Hotel/Restaurant
Marco Wanke
Leerweg
D-63843 Niedernberg
Telefon: 06028 999-0
www.seehotel-niedernberg.de

RESTAURANT TANTE LUCIE
Restaurant/Ausflugsrestaurant
Marianne Limburg
An der Windmühle 31
D-41849 Wassenberg
Telefon: 02432 2332
www.tante-lucie.de

HOTEL U-NO1 RESTAURANT „AM GEIGERSBÜHL"
Hotel/Restaurant
Nürtinger Straße 92
D-72663 Großbettlingen
Telefon: 07022 943210
www.uno1.de

GASTHAUS ZUR SONNE
Gasthof
Joachim Busam
Obertal 1
D-77654 Offenburg
Telefon: 0781 9388-0
www.gasthaus-zur-sonne.de

157

Rezeptnachweis

Klaus Weingartz: Provenzialischer Gemüsesalat (46), Türmchen von Eiertomaten (48), Kalifornischer Salat (50), Karotten-Curry-Suppe (67), Tomaten-Ingwer-Suppe (70), Hähnchen mit Kräuterquark gefüllt (74), Ossobucco (97), Rinderfilet (98), Dorade in Salzkruste (132);
Michael Off: Blattsalate mit Kretzerfilets (50), Rahmsuppe vom Räucherfelchen (67), Truthahnröllchen auf gegrillter Paprika (90), Felchenfilets mit Lauchmus (131), Zanderfilet auf Chiligemüse (128), Kirsch-Kefir-Eis (146), Aprikosenschaum (148)
Alle anderen Rezepte stammen von Clemens Baader.

Rezeptverzeichnis

Ein herzlicher Dank für ihre Unterstützung geht an meine Frau, Emma Baader, und an meinen Sous-Chef, Steffen Leuschner.

C. B.

Informationen senden wir Ihnen gerne zu

Bücher · Kalender
Experimentierkästen · Kinder-
und Erwachsenenspiele

Natur · Garten · Essen & Trinken
Astronomie · Hunde & Heimtiere
Pferde & Reiten · Tauchen
Angeln & Jagd · Golf
Eisenbahn & Nutzfahrzeuge
Kinderbücher

KOSMOS

Postfach 10 60 11
D-70049 Stuttgart
TELEFON +49 (0)711-2191-0
FAX +49 (0)711-2191-422
WEB www.kosmos.de
E-MAIL info@kosmos.de

ISBN 3-440-10302-1

Redaktion: Christiane Pfau
Mitarbeit: Franka Schmidt
Umschlaggestaltung: Wolfgang Heinzel
Motive: Fotostudio Sepp Eder, Grafenau
Mit 90 Fotos
Produktion: VerlagsService Dr. Neuberger
und Karl Schaumann GmbH, Heimstetten
Printed in Italy